D1520201

Vivir sin jefe

Vivir sin jefe

El libro que hará
que ames trabajar por tu cuenta

Los 50 errores que cometen
todos los emprendedores

Sergio Fernández

Plataforma
Editorial

Primera edición en esta colección: junio de 2009
Vigésima edición: noviembre de 2015

© Sergio Fernández López, 2009
© de la presente edición: Plataforma Editorial, 2009

Plataforma Editorial
c/ Muntaner, 269, entlo. 1ª — 08021 Barcelona
Tel.: (+34) 93 494 79 99 — Fax: (+34) 93 419 23 14
www.plataformaeditorial.com
info@plataformaeditorial.com

Depósito legal: B. 3.766-2012
ISBN: 978-84-96981-52-2
IBIC: VSC
Printed in Spain – Impreso en España

Diseño de cubierta:
Marcel Abellanet

Fotocomposición:
Grafime

El papel que se ha utilizado para imprimir este libro proviene
de explotaciones forestales controladas, donde se respetan
los valores ecológicos, sociales y el desarrollo sostenible del bosque.

Impresión:
Romanyà-Valls – Capellades (Barcelona)

A mi madre, un regalo de la vida,
porque ni en el mejor de los sueños
habría podido imaginarme una madre mejor.
Gracias por creer en mí y por apoyarme
incondicionalmente en todo
lo que hago cada día de mi vida.

Índice

Prólogo 15
¡Bienvenido a bordo! 19
Declaración de intenciones 23

**Parte 1. Errores comunes en la planificación
de su trabajo** 25
Si no lo escribe, no existe. 27
Error 1. Dedicarse a algo por lo que no siente pasión

¿Quién va a elegir ser? 35
Error 2. No dejar sus objetivos por escrito

**La enseñanza para los emprendedores
de No Logo, la biblia antiglobalización** 42
Error 3. No dedicarse a su propio negocio

Lo siento, pero usted no tiene un negocio 46
*Error 4. No caminar hacia la independencia
financiera*

¿Ha muerto ya de éxito? 52
Error 5. Pensar que hay que crecer siempre

Recuerde: si no aprueba todas no pasa de curso. . 57
*Error 6. No comprender que existen diferentes tipos
de beneficios*

Encuentre las siete diferencias de lo que ofrece. .   60
Error 7. No ofrecer ningún valor añadido

Consultar el mapa antes de acelerar a fondo . . .   64
Error 8. Dedicarse a lo urgente antes
que a lo importante

¿Dónde pone la ropa nueva cuando tiene
el armario lleno?   67
Error 9. No poner los contadores a cero
de vez en cuando

La enseñanza de Forrest Gump.   71
Error 10. No asegurar sus bienes
y su labor profesional

Parte 2. Errores frecuentes en el trabajo
del día a día   75

¿Hinchamos juntos una pompa de jabón?   77
Error 11. No darse cuenta de que lo que más valoran
de usted, cuando le contratan, es la confianza

Aprender a dar los precios como James Bond. . .   83
Error 12. No saber vender

Uno no cambia de caballo a mitad de carrera . . .   94
Error 13. Analizar demasiado: no seguir el ejemplo
del león y la gacela Thompson

Estoy a 30 minutos de allí; llego en diez…
¿o no?   99
Error 14. Prometer un tiempo de entrega
demasiado ajustado

Índice

¿Hace cuánto que no les escucha?. 103
Error 15. No hablar con los clientes, proveedores,
colaboradores…, por falta de tiempo normalmente

Sshhhhh ¡No le cuente sus sueños!. 107
Error 16. Hablar de lo que no hay que hablar
y escuchar lo que no hay que escuchar

¡Cámara, luces y acción! 116
Error 17. No atreverse a ser usted mismo

La enseñanza de la peluquería 119
Error 18. Presupuestar pillándose los dedos o dar
un precio demasiado alto y quedarse sin el trabajo

Obligar a los zurdos a escribir con la derecha. . . 128
Error 19. Pensar que solo hay una manera
de hacer las cosas

Un aparcamiento como su modelo de negocio. . 133
Error 20. Aceptar todos los trabajos

Lo que el hijo de Vito Corleone hizo mal. 137
Error 21. Aceptar negociaciones sobre la marcha

Una vela para desarrollar esta habilidad 140
Error 22. Estar en dos sitios a la vez

El efecto «cacao maravillao» 144
Error 23. No publicitarse correctamente

¿Una alita de pollo?. 150
Error 24. No lanzar mil anzuelos

**Parte 3. Errores frecuentes en las relaciones
con otras personas** 153

Jefe de marketing de usted, S.L. 155
Error 25. No tener una marca personal

¿Cómo se llama la señora de la limpieza? 159
*Error 26. No emplear su red de contactos
[networking]*

¿Y cómo le digo yo eso a mi cuñado? 165
Error 27. Trabajar con amigos o con familiares

¿Tengo clientes internos? 170
Error 28. Ser el más listo de sus colaboradores

La lección del presidente 174
*Error 29. Seleccionar a los proveedores solo
por el precio*

Un casting para clientes 178
*Error 30. Pensar que el cliente siempre lleva la razón
o no quitarse de encima a algunos clientes*

La práctica del club de cerebros y corazones . . . 182
*Error 31. No tener mucho cuidado
con las asociaciones*

¿Esta decisión aumenta su número
de posibilidades? 187
*Error 32. Depender de un pagador en más
de un 25 %*

Índice

Parte 4. Errores en la relación con uno mismo. 189

¿Sabía que su automóvil y usted tienen dos cosas en común? 191
Error 33. No hacer algo que le haga ilusión todos los días

¡No responda al teléfono! ¡Diga no a tía Antoñita! 197
Error 34. No saber decir que no

El legado de Deming 201
Error 35. No aplicar el principio de la mejora constante

La gran enseñanza de Superman: escape de la cryptonita 203
Error 36. No eliminar los sumideros de energía

Jugar a ser usted de mayor 211
Error 37. No dar la apariencia de estar siempre ocupado

Indiana Jones y el sendero de dios 214
Error 38. No amar la incertidumbre

La ventaja de una pendiente resbaladiza para los emprendores 218
Error 39. No saber el tiempo o los recursos que dedica a cada cliente

La diferencia entre *in time* y *on time* 222
Error 40. No llegar un rato antes a todas las citas

¿Usted se pone en barbecho? 225
Error 41. No ponerse en barbecho o no tener tiempo
¿Pensamiento lateral o pensamiento vertical? . . . 229
Error 42. No dedicar tiempo a reciclarse
El curso de formación de un *american gangster* . . 234
Error 43. No cultivar los valores clave
para ser emprendedor
Un solo símbolo para dos palabras 237
Error 44. No aprender de los errores
La potencia sin control no sirve de nada 241
Error 45. Trabajar más pero no mejor

Parte 5. Errores cuando dejamos de trabajar . . 245
¿Sabe ya cuál es«el secreto»? 247
Error 46. No crear mentalmente lo que desea

Su granito de arena. 250
Error 47. No trabajar en un proyecto personal

Vida más allá de la vida laboral. 255
Error 48. Hablar de trabajo todo el tiempo

Kevin Spacey…, Jesucristo y el Dalai Lama
están de acuerdo 258
Error 49. No devolver parte de lo que recibe

Sea agua, amigo mío 261
Error 50. Olvidar que esto es un juego
y que esto lo hacemos para divertirnos

Agradecimientos 267

Prólogo

Si esta crisis sirve para algo —que yo creo que sirve para mucho, porque, como dijo Albert Einstein en su día, «la verdadera crisis es la crisis de la incompetencia»—, es para cuestionarnos el modo de vida que llevamos, el entorno en el que trabajamos y nuestra propia actividad para labrarnos nuestro destino.

El libro que tiene en sus manos, querido lector, es un texto extraordinariamente práctico para emprender su propia vida. Sostengo que estamos en plena «edad de oro del *management* español», un momento dulce en paralelo con el éxito de nuestro deporte en el fútbol, el tenis, el baloncesto, el ciclismo, las motos, la fórmula uno, el fútbol sala, el balonmano y tantas y tantas disciplinas deportivas, en el que el pensamiento propio nacional sobre cómo dirigir organizaciones se ha desligado del modelo anglosajón y nos ofrece planteamientos más frescos, más actuales y mucho más cercanos, con la pasión de los latinos y el calado de los grandes intelectuales. Dentro de este *management* español, el libro que ha escrito Sergio es muy especial, no solo por su temática —el emprendizaje ha merecido libros muy interesantes, como *El libro negro del emprendedor* de Fernando Trías de Bes, y pocos más de ese nivel–, sino también por su amplitud de miras, con la concreción de un recetario –que tan útil resulta a quienes se adentran en la cocina; en este caso, la cocina de su propia empresa– y la visión panóptica de un conocedor de la realidad económica y social a quien le apasiona pensar sobre la gestión y el liderazgo.

En estos momentos difíciles de la economía española y mundial, se ha creado un subgénero dedicado a la crisis, a su explicación, en el que destacan autores como Leopoldo Abadía, Enrique Alcat, Oriol Amat, Fernando Giner, Santiago Niño, Alberto Recarte, Carlos Salas, Carles Torrecilla o Fernando Trías de Bes, por citar a unos cuantos de nuestros compatriotas. Libros en general bien escritos, amenos, profundos, didácticos. Libros que se centran en el pasado –esta burbuja que ha estallado y algunas con pautas similares– y proponen soluciones para el futuro.

La ventaja del libro de Sergio es que no busca culpables –un concepto jurídico y religioso ante el que uno se suele defender viendo la paja en el ojo ajeno en lugar de la viga en el propio– sino responsables. Este libro que va a empezar a leer apela a su *responsabilidad*, a su capacidad de respuesta desde la idea del «talento como disfrute» –hacemos mejor aquello con lo que realmente disfrutamos–, la automotivación y el gran valor de la libertad –«vivir sin jefe», ser uno mismo el jefe de su trabajo y de su propia vida.

Hace más de una década, en dos períodos distintos de mi trayectoria vital, de los que no he de rendir cuentas (empresarialmente hablando) más que a mis compañeros y a la sociedad. No he de perder el tiempo en hacerle la pelota a un jefe caprichoso y/o impositivo –un jefe tóxico, como más de un tercio de los jefes en España– que me saca de quicio –y eso que he tenido jefes maravillosos, desde Carlos Galán, hoy presidente del Ateneo de Santander, hace casi treinta años. He de focalizar mi compromiso, mi esfuerzo, mi energía, en hacer de este mundo un sitio mejor, en ofrecer productos y servicios que ayuden a mis clientes, en echar una mano para conseguir que las organizaciones sean espacios de felicidad y no cuevas de sufrimiento.

Ojalá hubiera tenido este libro que ha escrito Sergio hace años. Habría anticipado obstáculos con los que me he topado. Habría encontrado fuentes de ayuda. Me habría quedado clarísimo qué es lo importante de todo esto: la libertad, la solidaridad, la generosidad, la felicidad.

Gracias, querido autor, por ofrecernos un texto tan valioso. Y a usted, querido lector, no le quito ni un segundo más para que pueda adentrarte en este gran libro. Léalo como si disfrutara de una buena copa de vino o de una comida exquisita. Aprenda de él, estúdielo, como si su vida dependiera de ello. Porque en cierto modo es así. El secreto de la felicidad es hacer lo que amas con las personas que amas, y en este sentido este libro le puede ayudar mucho.

JUAN CARLOS CUBEIRO
Director de Eurotalent

¡Bienvenido a bordo!

Antes de ser navegante he sido náufrago.

[Séneca]

A menos que se sepa absolutamente todo a los veinte,
no hay ninguna posibilidad de saber un poco a los cincuenta.

[Hemingway]

Esto es lo que se escucha en la calle: *Mi trabajo es un rollo;*
Estoy cansado de mi jefe; Con lo que gano apenas puedo vivir;
Detesto madrugar; Estoy cansadísimo; No me siento cómodo
en mi empresa... Hay millones de personas que desarrollan trabajos por los que no sienten ninguna pasión, a los
que van solo por ganar un sueldo al final de mes. Todas
estas personas dejarían mañana mismo su trabajo si económicamente pudieran permitírselo.

Por otra parte están los emprendedores, personas que
han puesto en marcha una aventura empresarial y que suelen atravesar todo tipo de problemas, exceso de trabajo o
dificultades hasta que llegan a levantar su sueño: *Cada vez*
trabajo más horas; Necesito obtener beneficios ya; Me cuesta
mucho encontrar trabajadores responsables... Y eso cuando

salen adelante; un porcentaje muy importante de los proyectos se queda en el camino…

Es evidente que algo falla cuando solo en España ocho de cada diez profesionales se sienten insatisfechos en su trabajo,* cuando el 59 %* de los sueños empresariales de tantas personas fracasan en el primer año y el 85 %* no supera los cinco años, cuando sacar su proyecto adelante se le hace cuesta arriba a tanta gente desde el primer día o, lo que es peor, cuando tantas magníficas ideas se quedan en el tintero porque ni siquiera llegan a ponerse en marcha. Nos falta cultura empresarial pero sobre todo nos falta cultura emprendedora.

Tiene en sus manos un libro sobre los errores que cometen con mayor frecuencia los emprendedores. La mayoría de los libros de empresa tratan sobre la manera de hacer bien las cosas. Y yo lo agradezco. Sin embargo, analizar y reflexionar sobre los errores constituye una excelente manera de aprender que está infravalorada.

Apenas hay bibliografía sobre el error. Está desprestigiado. Aun así, la equivocación constituye una de las bases sobre las que con frecuencia construimos nuestro aprendizaje. Quizá este libro trata sobre los errores porque parte de lo que soy lo he construido sobre los errores que he cometido.

Ser emprendedor es un ejercicio de equilibrismo. Es un ejercicio de platos chinos. Y de eso va este libro: de cómo mantener el equilibrio en la cuerda floja. Trata de cómo los

* Datos de Inicia Negocios.

emprendedores se equivocan cuando tienen que tomar algunas decisiones; trata de cómo estamos obligados a ser creativos y a tomar decisiones las 24 horas del día; trata de nuevos enfoques a viejos problemas; trata de cómo ser el capitán de su vida profesional y disfrutar de calidad de vida al mismo tiempo; trata de cómo se aprueban las diferentes asignaturas necesarias para pasar de curso en la escuela de ser emprendedor; trata de su día a día y de la batalla que tiene que librar mañana. Trata de las meteduras de pata de los emprendedores y de cómo solucionarlas.

He escrito este libro porque me entusiasma trabajar por cuenta propia. También porque se trata de una manera digna y creativa de desarrollar un proyecto vital. Hasta donde recuerdo he sido siempre emprendedor de una u otra manera. También debo mucho a los trabajos por cuenta ajena, pero ser emprendedor me ha proporcionado otro tipo de satisfacciones. Ser emprendedor es una manera de tomar las riendas de la vida desde lo más básico. Y eso me apasiona.

Pero este libro lo he escrito fundamentalmente porque hay muchas personas que no se atreven a dar el paso, otras muchas que lo intentan y no lo consiguen, y otras que se ponen manos a la obra y encuentran millones de dificultades.

A todas ellas les dedico esta obra, con la confianza de que su trabajo mejore y de que lo haga también todo el conjunto de su vida. ¡Un placer iniciar este viaje juntos!

SERGIO FERNÁNDEZ LÓPEZ

Declaración de intenciones

Cuentan que Séneca, antes de suicidarse, adoptó esta actitud ante la adversidad: sin inmutarse pide las tablillas de su testamento, pero como el centurión se las niega, se vuelve a sus amigos y les declara que, dado que se le prohíbe agradecerles su afecto, les lega lo único pero más hermoso que posee: la imagen de su vida.

Dos caminos se bifurcaban en un bosque, y yo,
yo tomé el menos transitado, y eso ha marcado toda la diferencia.
[Robert Frost]

1. Lo primero es lograr la armonía y el equilibro entre las diferentes áreas de la vida. Su vida es como una mesa. Puede tener el tablero y tres patas en perfecto estado, pero como la cuarta pata falle, esa mesa es inútil. Un fallo inutiliza todo el sistema.

2. Ser emprendedor es una manera de entender la vida y de estar en el mundo.

3. La honradez es un valor. También lo son la integridad, la creatividad y la constancia.

4. Trabajamos para generar el máximo valor para todas las partes implicadas.

5. Todo lo que podría hacerse no se ha hecho. Todo lo que podría inventarse, tampoco.

6. El hecho de que todo el mundo le diga lo mismo solo significa que todos ellos comparten el mismo punto de vista.

7. *Imposible* lo vamos a cambiar por *¿cómo podría ser posible?*

8. Los problemas son inevitables. Nuestro trabajo es prevenir su aparición y minimizar su impacto. Son un reto y una lección y les estamos agradecidos por darnos la oportunidad de aprender. Lo importante no es si se cae o no. Lo que importa es cuántas veces está dispuesto a levantarse.

9. Si se lo está pensando, hágalo. Fallará el 100 % de las canastas que no lance. ¡Atrévase a equivocarse!

10. Tenemos dos ojos, dos orejas y una sola boca. Yo creo que debe de ser por algo.

11. Decir que «no» de vez en cuando es imprescindible. También lo es tener el coraje para decir que sí cuando es necesario.

12. Una persona que no es capaz de pedir ayuda es alguien que no tiene nada que ofrecer.

Parte 1
Errores comunes en la planificación de su trabajo

Si no lo escribe, no existe

Error 1. Dedicarse a algo por lo que no siente pasión

La finalidad del ser humano es crearse un alma.

[Gurdjieff]

[…] cuando ante ti se abran muchos caminos y no sepas cuál recorrer, no te metas en uno cualquiera al azar: siéntate y aguarda. Respira con la confiada profundidad con que respiraste el día en que viniste al mundo, sin permitir que nada te distraiga: aguarda y aguarda más aún. Quédate quieta, en silencio, y escucha a tu corazón. Y cuando te hable, levántate y ve donde él te lleve.

[*Donde el corazón te lleve*, Susana Tamaro]

Cuando tengas que elegir entre dos caminos,
pregúntate cuál de ellos tiene corazón.
Quien elige el camino del corazón no se equivoca nunca.

[Popol Vuh]

Todas las sendas son iguales; no conducen a ninguna parte […]. ¿Tiene corazón este sendero? Si lo tiene, el sendero será bueno. Si no, no sirve […]. Ambos senderos conducen a ninguna parte, pero uno tiene corazón y el otro no. Uno significará un viaje alegre; mientras lo recorras, serás parte de él. El otro puede arruinar tu vida. Uno te hará fuerte; el otro te debilitará.

[*Don Juan, un guerrero yaqui,
según se lo contó a Carlos Castaneda*]

Resulta fácil encontrar en Internet el discurso de Steve Jobs al comienzo del año académico 2005 en la Universidad de Stanford. Allí, delante de una audiencia compuesta por los estudiantes de esta Universidad, el creador del Mac pronunció un discurso que encuentro muy inspirador. Y a mí me sienta bien escuchar palabras inspiradoras de vez en cuando. Parece escrito especialmente para emprendedores aunque de hecho no fue así. Coincido plenamente con él cuando dice: *Tenéis que encontrar lo que amáis y esto sirve tanto para el trabajo como para el amor. El trabajo llenará gran parte de vuestra vida y la única forma de estar satisfecho es hacer lo que consideréis un trabajo genial. Y la única forma de tener un trabajo genial es amar lo que hagáis. Si no lo habéis encontrado, seguid buscando. No os conforméis. Como en todo lo que tiene que ver con el corazón, lo sabréis cuando lo hayáis encontrado. Si no lo habéis encontrado, seguid buscando.*

Sobre todo me quedo con lo de «*seguid buscando*». A lo que yo añadiría: siempre.

Todos los seres humanos somos especialmente buenos en algo. Ese algo suele ser desarrollando una actividad que nos apasiona. Incluso aunque piense que en su caso es diferente, no es así. Ahora bien, es posible que aún no la haya encontrado. Los seres humanos tenemos un gran potencial, que correctamente conducido nos permite lograr casi cualquier cosa que nos propongamos. Así que la fórmula es sencilla: si consigue trabajar de eso que le gusta y en lo que por tanto será bueno, trabajar será una experiencia gratificante. Seguro que conoce personas que han encontrado ese algo y tienen éxito en lo profesional. Por cierto, ese algo no tiene porque ser EL ALGO. No se asuste. Si mañana no le gusta, puede cambiar.

Una diseñadora de moda me dijo recientemente que desde que ha empezado su negocio y tiene una ocupación que la motiva, no solo ya no se queda remoloneando en la cama por las mañanas sino que de hecho se levanta antes y deseando sentarse a trabajar porque desea lanzar su marca adelante. No es que necesite menos horas de sueño, lo que sucede es que simplemente ha encontrado la actividad que la estimula.

Así que ya se imagina lo primero que tiene que hacer: saber a qué se quiere dedicar. Si ya se dedica a algo que realmente le apasiona, este capítulo no le hará tanta falta. Aunque redefinir sigue siendo necesario de vez en cuando. No es fácil, pero la búsqueda merece la pena. Una vez que sepa qué quiere hacer, el resto del camino se dibujará delante de usted como por arte de magia. Tendrá que solucionar pequeños o grandes problemas, pero estos no le impedirán que vea la meta clara al final del camino ni le supondrán una merma de energía en su día a día. No hay nada que incremente más la energía de una persona que saber adónde se dirige. No se me ocurre nada más estimulante que levantarse por la mañana con una meta clara en la vida.

Si está leyendo este libro es porque o bien es emprendedor y quiere mejorar determinados aspectos de su trabajo, o bien está pensando en empezar a trabajar por su cuenta.

Sea cual sea el caso, tómese el tiempo que necesite para entender e interiorizar bien lo siguiente: el error más grande que puede cometer como emprendedor es dedicarse a algo que no le apasione hacer (mejor) cada día.

Antes de seguir leyendo, ¿ha comprendido bien lo anterior? ¿Sí? Entonces continuemos.

De hecho, si comete este error, aunque subsane el resto de fallos en los que pueda incurrir, dará absolutamente igual porque su trabajo seguirá sin ser satisfactorio para usted. Y sin ese algo que le apasione hacer mejor cada día, todo lo demás que pueda hacer pierde su sentido. Este es el peor error que puede cometer. Por eso hablamos de esto en el primer capítulo del libro. Encuentre lo que le gustaría hacer. Sueñe si es necesario. ¿Cuánto lleva sin soñar? ¿Cuánto lleva sin cerrar los ojos y decir «me encantaría hacer...»? No tenga vértigo, conecte con su yo interior, ése al que probablemente no escucha a menudo, y déjele hablar. Tómese su tiempo. El que quiera, pero hágalo. Concédase ese lujo.

Mejor aún. Vamos a darnos ese lujo ahora mismo. Tome su pluma, un papel y un rato sin móvil, sin pareja, sin familia, sin amigos y sin televisión y dispóngase a responder a la siguiente pregunta con todo lujo de detalles.

¿Cómo sería su día ideal?

No tema. Es solo un juego. Defina su día ideal. Atención: no le he pedido que lo piense, le he pedido que lo escriba.

Si lo escribe, el ejercicio tiene mucho más efecto, así que manos a la obra. Cuando haya terminado, tendrá muchas pistas de por dónde tiene que empezar a buscar. Con un poco de creatividad, es muy probable que pueda ganar dinero haciendo lo que le gusta o al menos haciendo algo muy parecido. Vivimos en una sociedad compleja y variada, donde cada vez más se demandan productos y servicios de lo más heterogéneo. Seguro que puede encontrar la manera de trabajar haciendo lo que le gusta. Y la experiencia demuestra que es más fácil de lo que pensamos.

Todos conocemos personas que se dedican a las profesiones más variadas e inexplicables. Conozco una persona que trabaja y vive de ser inventora. Otra que ofrece, al mismo tiempo, sesiones de *coaching* y de entrenamiento físico. Otra que lo que hace es asesorar a sus clientes sobre su manera de vestir y dónde pueden comprar la ropa que llevan. Cada vez hay más profesiones de lo más variado y esto es una tendencia que va en aumento. El hecho de que le digan que es imposible hacer lo que usted quiera, no significa nada. Bueno, de hecho, sí: que es imposible en la mente de quien lo afirma. Y eso vale también para usted si es el dueño de esa vocecita que le está repitiendo «es imposible, es imposible, es imposible...».

El otro momento que me gusta del discurso de Jobs es cuando dice: *No dejéis que el ruido de las opiniones de los demás ahogue vuestra propia voz interior. Tened el coraje de seguir a vuestro corazón y a vuestra intuición. De algún modo ellos ya saben lo que tú realmente quieres ser. Todo lo demás es secundario. [...] Seguid hambrientos. Seguid alocados.* Siga hambriento, siga alocado. No desperdicie su talento haciendo algo que no le motiva lo suficiente y que no le aporta bienestar –pero bienestar entendido en un sentido amplio y no solo económico– a su vida y a la de los demás. Cuando esté a punto de morir, ¿estará orgulloso de lo que hace ahora mismo? Desarrolle una actividad que le apasione, una profesión cuya práctica le haga sentirse bien. Un trabajo que cuando surjan los problemas, porque siempre acaban por aparecer, le motive lo suficiente para no tirar la toalla. Tiene que encontrar el talento único que de todas las personas del mundo solo tiene usted. Y créame cuando le digo que lo tiene.

Por favor, no vea el hecho de que nadie se dedique a lo que usted hace o quiere hacer como una limitación o como una prueba de que no hay mercado. Véalo más bien como una oportunidad. Esto lo aprendí en el libro *Las 22 leyes inmutables del marketing*, de Al y Laura Ries. Cada año nacen cientos de categorías nuevas de productos y, aunque no todas sobreviven, muchas acaban por consolidarse en el mercado. Lo mismo vale para las profesiones y los profesionales. Encuentre su hueco, o como suele decirse, nicho de mercado, y lidérelo. Invente, si es preciso, una nueva categoría y conviértase en el número uno de ésta. El que da primero, da dos veces.

Es probable que se esté preguntando: Perfecto, ¿y cómo encuentro yo esa oportunidad? Le regalo otros dos ejercicios que le ayudarán en el caso de que el anterior no lo haya hecho.

Ofrece buenos resultados responder a la pregunta:

¿A qué me dedicaría si tuviera todo el dinero del mundo para mí y para mis seres queridos?

Es una de las preguntas más poderosas que conozco. Si la responde con sinceridad, el resultado será impactante. Sin duda. Quizá no quiera ni escucharlo. La buena noticia es que nunca es tarde. He visto a personas llorar cuando han respondido con sinceridad a esta pregunta.

Eso que ha apuntado es lo que debe empezar a hacer o hacia dónde debe empezar a orientar sus resultados. A veces hace falta desconectar un poco porque de repente no es fácil desarrollar la respuesta. Dedíquele un tiempo y escriba lo que piense. No tema, escríbalo. Luego, si es necesario, tire la hoja a la basura o a la chimenea, pero escríbalo. Cuando lo haga estará mucho más cerca de saber lo que tiene que hacer.

Recuerde que todos los trabajos tienen, por lo general, más margen de movimiento del que frecuentemente empleamos. Como emprendedor, este margen es mucho mayor. Aprovéchelo para hacer lo que tiene que hacer o para empezar a caminar hacia ese lugar.

El otro ejercicio que le puede resultar útil para encontrar eso que tiene que hacer es definir su misión en la vida, es preguntarse:

¿Qué haría si tuviera garantía al cien por cien de que voy a tener éxito?

Esta pregunta, si la responde honestamente, le dará una pista esclarecedora sobre el lugar al que tiene que empezar a encaminarse. De hecho, es el lugar al que tiene que encaminarse ahora mismo.

Oí hace ya algún tiempo —si no recuerdo mal- en una entrevista a Vargas Llosa, algo que me impresionó. Hablando de su hijo, que había fallecido, decía de él que tuvo lucidez de vida por conciencia de muerte. Para mí, la única forma de vivir es lúcida y apasionadamente. Pero sobre todo, lúcidamente.

¿Quién va a elegir ser?

Error 2. No dejar sus objetivos por escrito

Para el que no sabe hacia dónde navega,
ningún viento le favorece.

[Séneca]

Llevo encima las heridas
de todas las batallas que he evitado.

[Fernando Pessoa]

Hablando con una pedagoga sobre la importancia de tener las cosas claras en la vida para lograr resultados sorprendentes, me contó una elocuente anécdota. Le pasó a ella misma mientras trabajaba como educadora en un campamento con niños. Una tarde les propuso un juego a los chavales. Les dejó media hora para volver con el objeto más grande que pudieran encontrar. La sorpresa aconteció transcurrida esta media hora: un tráiler de veinte metros entró en el campamento tocando su potente claxon. El chaval había corrido hasta una carretera cercana al campamento y había hecho autostop a camiones hasta que un camionero se decidió a echarle una mano. Así que entró en el campamento con el objeto más grande que pudo encontrar: un tráiler de veinte metros. Cuando tenemos claro lo que queremos en nuestra vida, suceden cosas maravillosas.

Hay dos tipos de errores. Los cometidos por algo que se hace mal y los que se cometen simplemente por dejar de hacer algo.

Puedo afirmar que uno de los errores que durante mayor tiempo cometí fue el de no dejar por escrito los objetivos para cada año. De hecho, ahora, me cuesta comprender cómo conducía mi vida sin hacerlo. Al fin y al cabo, ¿bajo qué criterio habría de tomar decisiones a diario si no sé a dónde quiero llegar? Trabajar, pero sobre todo vivir, sin objetivos es como conducir por una ciudad grande sin saber a dónde vas. Ya bastante difícil resulta conducir sabiendo a dónde se dirige uno como para hacerlo encima sin destino claro. Para mí, simplemente no tiene sentido.

Mi experiencia y la de otras muchas personas que escriben sus objetivos anualmente demuestran que funciona. Es más, el mero hecho de hacerlo tiene un componente casi mágico. Dejarlos por escrito activa en nuestro cerebro ideas que antes no teníamos y que logran resultados que simplemente no habíamos ni siquiera imaginado. ¿Por qué? Porque cuando focalizamos nuestra energía en conseguir algo, sea lo que sea, suceden cosas maravillosas. Surgen las coincidencias, las ideas y una manera de fluir diferente de la vida. Si no me cree, hace bien. Pero no hará bien en no probar usted mismo los resultados de esta increíble práctica.

Y además es tremendamente divertido. Uno de mis momentos favoritos del año gira alrededor de los días en los que empiezo a pensar en escribir, como yo lo llamo, la carta a los Reyes Magos. Es como volver al momento en el que era niño y me daban los regalos de Navidad o de cumpleaños. La sensación que experimento es la misma y aunque solo fuese por ese momento de poder soñar, ya merecería la pena hacerlo.

Es tan importante encontrar espacios para soñar e imaginar, y tiene unos efectos tan beneficiosos para la actividad profesional y vital, que a veces no entiendo cómo no está más extendida esta práctica.

Imagínese a usted mismo diseñando su propia vida y escribiendo lo que desea para ella. ¿No le apetece empezar ya mismo? Este ejercicio, además, le ayudará a estar más conectado con usted y con lo que desea de la vida. Y por si fuera poco, si hace esto, empleará mucho menos tiempo a lo largo del año en actividades que no le llevan a donde usted desea. Simplemente, las acabará por eliminar de manera natural.

Le puedo decir, sin temor a equivocarme, que si no escribe sus objetivos está cometiendo un gran error. Más aún cuando usted es el máximo dirigente de su empresa. ¿Se imagina trabajar en una empresa que no tuviese objetivos ni una meta clara? Pues si usted no lo está haciendo se está equivocando, incluso aunque su empresa sea usted mismo. Es evidente que para llegar a algún sitio debe saber antes a dónde quiere llegar. Por eso debe escribir sus objetivos profesionales, económicos, personales y de cada día para cada año. Esto, naturalmente, no es óbice para que permanezca abierto a las sorpresas que la vida, siempre tan juguetona, le ofrece y para que –si lo considera necesario– cambie sus objetivos.

Un ejercicio que funciona muy bien y que le propongo es ponerse un objetivo, y mejor si son varios, para cada día. Luego cúmplalos. Esta pequeña acción tiene un gran impacto en el carácter. Simplemente porque si lo hace se demostrará a sí mismo que puede, si se lo propone, hacer o dejar de hacer algo cada día durante un período determinado. Lo ideal es seguir hasta haber desarrollado este hábito. Lo más importante de este tipo de objetivos para cada día son los efectos colaterales positivos que conllevan. Una brillante *freelance* inventó un ejercicio para fortalecer su fuerza de voluntad. Me lo contó de pasada pero me pareció fascinante. La idea era dejar una caja de los mejores bombones de chocolate encima de su mesa de trabajo. La propuesta consistía en que solo se podía permitir tomar uno los días pares. Los ejercicios en los que se proponga cumplir un objetivo al día le resultarán de gran ayuda para encontrar la fuerza y el carácter para lograr los «grandes objetivos».

En el escritorio de mi despacho siempre hay un documento que se llama como el año en curso. Ese documento incluye la lista de objetivos para ese año. Lo que hago es mirarlo a menudo: a veces para tomarme un descanso en mi actividad. Otras veces me sirve para ratificarme en lo que quiero cuando surgen las dificultades, y aun otras para recobrar la sensación de que las pequeñas cosas del día a día tienen un sentido al final del camino. La idea es situar sus objetivos en un sitio que vea a menudo: su cartera, su ordenador personal, su corchera o en el interior de su armario. Donde quiera, pero que los vea a diario.

Comparto con usted una metodología que le ayudará para plantear solidamente sus objetivos. Los objetivos tienen que ser SMART [inteligente en inglés], es decir, e**S**pecíficos, **M**edibles, **A**lcanzables, **R**etadores y acotados en el **T**iempo:

– Específicos quiere decir que sean concretos. No puede ser algo abstracto, tiene que saberse cuándo se han logrado.

– Medibles. Si son cuantificables, siempre es mucho más fácil saber si se ha conseguido algo concreto o si no se ha conseguido.

– Alcanzables. Si establece objetivos poco realistas no encontrará la motivación ni el sentido para ponerse manos a la obra. Determine objetivos que sea posible lograr con algo de trabajo y, por qué no, de suerte.

– Retadores. Si por el contrario sus objetivos son poco ambiciosos, se confiará o el resultado no le estimulará lo suficiente para ponerse a trabajar en su consecución. Busque algo que le motive y propóngase alcanzarlo. Resulta mucho más estimulante levantarse por la mañana para luchar por el sueño de su vida que para pagar por los pelos las facturas.

– Acotados en el tiempo. Es preciso que establezca un plazo para determinar si sus objetivos se han cumplido. De lo contrario no podrá evaluar su progreso.

Y, claro, es evidente que el hecho de tener sus objetivos por escrito no significa que deba ceñirse a ellos fanáticamente. Si la vida le ofrece algo mejor y a usted le apetece cambiar la ruta, valore los pros y los contras, y decida. En eso consiste esto de vivir y más aún lo de ser responsable de su propio negocio. Usted es el jefe, usted decide.

En lo que a objetivos profesionales y económicos se refiere, pero sobre en estos últimos, hice un descubrimiento hace tiempo que mejoró mi calidad de vida y, por tanto, la de mi trabajo. Si en lugar de plantearme objetivos mensuales, me planteaba objetivos anuales, vivía mucho más tranquilo. Lo mejor fue que me di cuenta de que esto redundaba en que pudiera lograr mis objetivos de facturación mucho más relajadamente. Si se plantea una cantidad para vender cada mes o cada semana, puede que la logre o puede que no. Y si esto sucede, entonces, ¿qué pasará? Pues que se preocupará y quizá se verá a sí mismo mendigando en la calle, que es uno de los miedos recurrentes de cualquier emprendedor. Y entonces estará menos fresco para seguir trabajando por la consecución de lo que se ha planteado. La abundancia llama a la abundancia como la pobreza atrae a la pobreza. Si se plantea objetivos de facturación anuales o semestrales, funcionará más relajadamente que si se los plantea semanalmente. Trabaje todos los días con la misma intensidad y buen humor y, al final del período, conseguirá lo que se ha propuesto.

Por último, quizá no logre todos los objetivos de manera sistemática. Pero lo más probable es que al menos vea cumplida una parte muy importante. En cualquier caso, casi más importante que la consecución de los objetivos, es la sensación que le va a proporcionar de que las cosas que hace cada día tienen un sentido. Y eso, se lo aseguro, es muy reconfortante. Para mí, de hecho, es lo mejor. En pocas palabras...

– No plantearse objetivos es uno de los errores más frecuentes de los emprendedores.

– Plantearse objetivos focaliza su energía y le proporciona sensación de bienestar.

– Escribir los objetivos es tremendamente divertido.

– Los objetivos que se plantee para cumplir cada día tienen un efecto muy beneficioso sobre su carácter.

– Debe verlos y revisarlos a menudo. Han de estar en un lugar fácilmente accesible para usted.

– Los objetivos deben ser SMART: e**S**pecíficos, **M**edibles, **A**lcanzables, **R**etadores y acotados en el **T**iempo.

– Los objetivos funcionan generalmente mejor si se refieren a un período relativamente amplio. Esto le permite tomárselos más relajadamente.

La enseñanza para los emprendedores de No Logo, la biblia antiglobalización

Error 3. No dedicarse a su propio negocio

Un libro que cualquier persona que quiera desarrollar algún aspecto de su vida debería leer es *Poder sin límites*, de Anthony Robbins. Pero si usted es emprendedor, se lo recomiendo especialmente. En él se habla de diferentes técnicas de programación neurolingüística. Una de ellas es el modelado. El modelado nos dice que si repetimos exactamente las acciones de otras personas, obtendremos los mismos resultados que ellos. Sencillo, ¿verdad?

Uno de los postulados básicos de la programación neurolingüística es que todos los sistemas nerviosos se parecen, así que si una persona puede hacer algo, cualquier otra persona que rija o gobierne su sistema nervioso exactamente igual también podrá. Afirma Robbins que *la cues-*

tión, por tanto, no estriba en si usted es capaz de obtener los mismos resultados que obtiene otra persona o no; solo es cuestión de estrategia, es decir: ¿cómo lo consigue esa persona? Lo que le propongo en este capítulo es que busque a quien le va bien gobernando su negocio y que después modele. Es decir, que aplique lo que ya está comprobado que funciona a su propia actividad. En definitiva, se trata de copiar lo que ya está dando resultados. Usted puede inventar lo que quiera, pero si algo ya existe, tampoco se trata de que descubra la rueda usted solito.

En lo que se refiere a desarrollar negocios, indudablemente –y al margen de la opinión que uno tenga de ellas– son las multinacionales a las que les está marchando bien el asunto. Y ¿qué es lo que están haciendo las grandes multinacionales? Pues se ocupan de su propio negocio. Quédese con esta idea porque con todo lo simple que parece, esconde una revelación que le puede hacer mejorar sustancialmente su actividad.

Se ocupan de su propio negocio. Y usted dirá: claro. Pues no tan claro. ¿Hace usted lo mismo? Posiblemente esté ayudando con su actividad a levantar el negocio de otro. Esto es algo que les sucede siempre y sin excepción a los trabajadores, a algunos emprendedores y con frecuencia a los *freelances*. En mi opinión, el camino correcto es el de trabajar para crear su propio negocio, su propia marca. Solamente.

Pero es que aun en el caso de que usted no esté levantando con su esfuerzo el negocio de otro, ¿está seguro de que se encarga de su propio negocio? Lo que quiero decir es que la mayoría de los emprendedores que conozco se encargan de su propio negocio y de mil cuestiones más. Y esto es un error porque se distraen y descuidan las actividades estratégicas de su gestión.

¿Qué es lo que hacen las multinacionales? Pues sencillamente prestan una especial atención a lo que consideran la parte central de su actividad y todo lo demás lo externalizan. En *No logo*, libro de referencia de los movimientos antiglobalización económica, de Naomi Kleim, podemos leer: *durante mucho tiempo la fabricación de artículos siguió siendo el centro de todas las economías. Pero hacia los ochenta [...] se llegó a la conclusión de que algunas empresas eran demasiado grandes. Llegó a parecer que el proceso mismo de producción ya no era la ruta del éxito sino un estorbo intolerable. [...] [Algunos] pioneros plantearon la tesis de que la producción de bienes solo era un aspecto secundario de sus operaciones [...] Lo principal que producían estas empresas no eran cosas [...] Su verdadero trabajo no consistía en manufacturar sino en comercializar.*

Fíjese en esta última frase porque ahí está la esencia de mucho de lo que será nuestro siglo. Desde que estas empresas comprendieron cuál era la parte esencial de su negocio, que en este caso [y en tantos otros] consiste solo en crear marcas [para comercializar], empezaron a ganar más dinero.

Y es aquí donde está la clave. En su negocio hay una parte esencial, lo que se conoce como el *core business*, el corazón del negocio, que es lo que usted hace o debería hacer mejor que nadie y es en lo que debe concentrar su energía. Todo lo demás, si modelamos a estas grandes compañías, no debería hacerlo usted mismo sino externalizarlo, dejar que lo haga otra empresa o persona.

¿Para qué emplear tiempo aprendiendo a hacer la declaración de la renta? ¿Es usted asesor fiscal? Si no es así, deje que lo haga otra persona. ¿Para qué limpiar su lugar de trabajo? ¿Tiene usted una empresa de limpieza? Si no es el caso, deje que se lo hagan. Y así con todo lo que pueda. Concentre su tiempo y energía en su negocio y espere a ver qué sucede.

Dedique todo el tiempo que sea preciso a entender bien cuál es el corazón de su actividad, la esencia de su trabajo y concéntrese en hacerlo cada vez mejor. Ocúpese de su propio negocio y, en las horas de trabajo, haga lo posible por no realizar otras actividades. Imite a estas grandes compañías: ofrezca ese trabajo a otras empresas o personas. Si procede así se profesionalizará porque dispondrá de más tiempo para centrarse en su actividad. Y ésta mejorará, como lo hace cualquier cosa en la vida a la que se le presta atención y tiempo.

Lo siento, pero usted no tiene un negocio

Error 4. No caminar hacia la independencia financiera

Ahora, si usted quiere hacerse millonario en seis años, que es un objetivo realista que le propongo, su fórmula tendrá que basarse en este modelo. Si tiene activos por valor de 31.250 libras para el final del primer año, tendrá que duplicarlos cada año. ¡Y al final de seis años será millonario! Duplicar sus activos cada año [...] es una operación simple que su inconsciente puede manejar con facilidad.

[*El millonario instantáneo,* Mark Fisher]

Le doy la bienvenida al club de los emprendedores equivocados, si alguna vez, cuando le han preguntado a qué se dedica, ha respondido: tengo un pequeño negocio que...

Los emprendedores tienen normalmente un híbrido entre un trabajo y un negocio. Pero seamos sinceros: se suele parecer bastante más a un trabajo que a un negocio, especialmente al comienzo de su actividad. En el caso de los *freelances*, la cuestión del negocio suele estar aún más lejos.

Si se ausenta de su *negocio* durante seis meses, ¿seguirá este funcionando?

Un negocio es una actividad económica que se sostiene sin la presencia física continua de su dueño. Lo demás son trabajos. Por cuenta propia o ajena. Mejor pagados o peor pagados. De jefe o de «mandao», pero trabajos. Conozco a muy pocas personas, aunque también he de decir que conozco a alguna, que no necesiten estar delante de su «negocio» para que este rinda beneficios. Y claro, eso no es un negocio, eso es un trabajo. Por cuenta propia, sin horarios, lo que quiera… pero un trabajo al fin y al cabo, entendiendo por trabajo una actividad económica en la que si no está el que la ostenta, no funciona.

Un hombre se encuentra una lámpara mágica, la toma entre sus manos y el genio le dice:

–Te concedo un deseo…

–Pues… quiero no ponerme enfermo nunca jamás.

–¡Concedido!

Y el genio lo convirtió en emprendedor.

¿Qué pasará si un día enferma o le apetece tomarse unas vacaciones largas? Uno de los mayores errores que puede cometer como persona, pero especialmente como emprendedor, es no caminar desde ya hacia el punto en el que pueda tener garantizada su independencia financiera. Hay tres motivos de peso para hacerlo.

El primero es que ahora le va bien en su actividad, pero podría ser que en algún momento del futuro no le fuese tan bien.

El segundo es que si enferma, ¿quién va a cuidar de su negocio? La mayoría de los emprendedores desarrollan tareas para cuya realización no resulta especialmente fácil encontrar un sustituto. El trabajo de la mayoría de los emprendedores no puede soportar un período de retiro prolongado.

El tercero es que trabajará mucho más relajadamente si en su interior sabe que no lo hace por dinero. Si tiene garantizada la independencia económica, podrá escoger si trabaja o si no lo hace, y eso le facilita enormemente la elección de sus clientes y la satisfacción cuando esté trabajando.

Ahorre todo lo que pueda e inviértalo. Aunque los emprendedores tienen tendencia a lamentarse, es cierto que, si se hace bien, se puede llegar a ganar bastante dinero. Debe ahorrar todo lo que pueda del dinero que gane. Especialmente al principio.

Debe invertir en activos, entendiendo un activo como todo lo que le proporciona un rendimiento económico a final de mes, óptimamente con muy poco o con nada de esfuerzo o tiempo de su parte. Los lujos y los coches caros son especialmente caros al principio porque le dejan sin recursos para crearse activos. *Padre Rico, Padre Pobre* es un libro de Robert Kiyosaki que me ayudó a darme cuenta con asombrosa nitidez de esta cuestión. Si está dispuesto a soportar el shock de comprender indiscutiblemente que usted no tiene un negocio hasta que no tiene activos que trabajan para usted sin su presencia, le recomiendo su lectura.

Si ahorra y se priva de ciertos lujos al comienzo de su actividad emprendedora, podrá crear un colchón para imprevistos. Este le proporcionará una tranquilidad que no podrá comprender bien hasta que la disfrute. En principio, es una reserva que no debe tocar. Es su fondo de maniobra particular. Empléelo solo en caso de emergencia. Es como un cinturón de seguridad. Ese colchón debe disponer de la mayor liquidez posible y, en mi opinión, debe contar con el suficiente dinero como para que pueda seguir viviendo con su estilo actual de vida entre año y medio y dos años si desde mañana no ingresara ni un solo euro más. Este fondo le proporcionará fuerza en sus negociaciones, además de una importante calidad de vida al saber que trabaja porque le gusta, no porque necesita el dinero para comer a final de mes. Aunque es mucho menos aparente que un buen coche o unas vacaciones exóticas, es mucho más práctico y es un pasaporte directo a lo anterior, en el caso de que sea lo que usted desea.

Además, seleccionará mejor a sus clientes y se quedará solo con los más rentables porque no tendrá la necesidad de fabricar dinero desesperadamente. Si toma esto por costumbre, todo su trabajo será más rentable y podrá ahorrar más dinero. Todo el mundo debería disponer de este colchón económico, pero como emprendedor es un error imperdonable no hacerlo. Debe trabajar para crearse una reserva de dinero en efectivo.

Una vez que disponga de este colchón para imprevistos, resulta sensato seguir ahorrando para invertir en activos. Solo usted sabe si prefiere crear su propio negocio o si prefiere invertir en negocios ajenos o en propiedades que posteriormente pueda poner en alquiler. Esta decisión solo la puede tomar usted, pero si invierte correctamente llegará un punto en el que no tendrá necesidad de trabajar para poder vivir porque sus activos le proporcionarán suficiente dinero para hacerlo. Ese será el momento en el que usted será rico: no tendrá necesidad de trabajar para pagar las facturas a final de mes. Y en ese momento, la satisfacción de trabajar será aún mayor porque entonces tendrá la total certeza de que no lo está haciendo por dinero sino por el puro placer de hacerlo.

Ya sea porque enferme y no esté en condiciones de atender su negocio, ya sea porque quiera trabajar más relajadamente o porque sencillamente quiera dejar de trabajar, debe empezar a preparar su independencia financiera desde hoy mismo. Primero mediante la creación de un fondo de maniobra que le permita vivir el tiempo que usted decida sin tener que trabajar. Posteriormente debe invertir sus ahorros en la compra o en la generación de activos, que a su vez le proporcionen mayor independencia financiera.

Por si lo anterior le parece poco, le invito a que empiece a revisar esa idea con la que hemos convivido durante años en nuestra sociedad que dice que Papá Estado cuidará de nosotros cuando estemos malitos, en paro o nos jubilemos. El Estado cada vez dedicará menos recursos a proteger a sus ciudadanos. Hay un cambio de tendencia que ya ha empezado: el neoliberalismo económico está de moda. Personalmente no me gusta, pero es así. Ojalá me equivoque porque de hecho soy un entusiasta del Estado del bienestar pero mi intuición me dice que esto va a cambiar.

Probablemente se esté preguntando cómo podrá conseguir esta independencia financiera si actualmente tiene dificultades para llegar a fin de mes. Si este es su caso, lo primero que tiene que hacer es disminuir su nivel de gastos a la mínima expresión, lo que le permitirá empezar a ahorrar. Lo siguiente es dejar, si es que alguna vez lo tuvo, el vicio de la compra con tarjeta. Revise sus gastos fijos y propóngase reducirlos. Con un poco de imaginación, comprobará que no es tan difícil. Algo que debería hacer es quitarse de en medio a sus clientes, trabajos o partes de su negocio menos rentables que le ocupan recursos que podría tener produciendo más eficazmente. Quizá pueda buscarse otros clientes antes de acometer este cambio. Se trata en definitiva de que tome como costumbre ganar más dinero del que necesita para vivir o de gastar para vivir menos dinero del que gana mediante su trabajo. Esto le permitirá ahorrar y después invertir y empezar a construir desde hoy mismo su independencia financiera, que debería incluir desde ya en sus objetivos a medio y largo plazo.

No hacerlo, palabra, es un error. Y de los graves.

¿Ha muerto ya de éxito?

Error 5. Pensar que hay que crecer siempre

> Existe un tiempo para respirar despacio
> y otro para hacerlo deprisa […],
> un tiempo para subir y otro para bajar.
> [Tao Te King]

Seguro que recuerda aquel brillante *spot* de telefonía móvil de hace algunos años en el que aparecía una persona que, mientras el dentista trabajaba en su boca, no paraba de hablar por teléfono. El anuncio televisivo iba dirigido, no podía ser de otra manera, a autónomos. Este *spot* retrataba con humor algo que sucede muy a menudo: un emprendedor tiene tanto éxito que muere de éxito por no poder parar ni un segundo a lo largo del día. Ni siquiera puede dejar de hablar por teléfono mientras le sacan una muela.

Cada vez son más las personas que están seguras de que no quieren ascender más. Están bien como están: no quieren vender más ni tampoco subir peldaños en su empresa ni crear una multinacional. Lo llaman *downshifting*. Consiste en descender de categoría laboral para ganar más tiempo o calidad de vida. Si ha visto *American Beauty*, recordará a Kevin Spacey suplicando un puesto de trabajo en una hamburguesería *con la menor cantidad posible de responsabilidad* tras abandonar su empleo como periodista. *Downshifting* en acción.

No seré yo quien le diga que deje de crecer económica y profesionalmente. Nada más lejos de mi intención, pero sí quien le diga que se plantee si quiere crecer económicamente de manera indefinida. La elección es suya. Y es precisamente de esto de lo que trata este capítulo: del error que supone dar por hecho que hay que crecer siempre.

Para todo emprendedor hay un momento, generalmente cuando empieza, en que lo único que quiere es trabajar y por ese motivo no selecciona sus clientes ni sus trabajos. Y la habilidad para seleccionar y desechar, que debería ser obligada para todo emprendedor, al final no se desarrolla nunca.

Conclusión: puede verse antes de lo que se imagina en una situación en la que acepta todos los trabajos que le ofrecen y sin un segundo ni para ir al servicio. Y no es broma; a mí me pasaba esto.

¿Por qué suceden estas cosas? Porque secretamente alberga la creencia de que hay que crecer siempre. Mentira y gorda. Haga la actividad que haga, y esto le sucede por igual a *freelances*, pymes o grandes empresas, usted tiene un margen de maniobra. Otra cosa es que este pueda cambiar en un futuro, pero, hoy por hoy, tiene un margen de maniobra determinado. Por debajo de cierto umbral de trabajo se muere de hambre y, por encima, se muere de sobrecarga laboral. Y como seguramente ya se habrá dado cuenta, encontrar el equilibrio no resulta siempre fácil. Es toda una labor de equilibrista.

Debe saber dónde poner los límites. Es posible que quiera montar un imperio. En cuyo caso, adelante con ello, sin embargo, la experiencia me dice que no todos los emprendedores desean necesariamente crear una gran empresa, sino más bien disfrutar de calidad de vida y trabajar felices, en lo que les gusta y bien remunerados. Pero esa creencia de que hay que crecer constantemente junto con ese miedo casi ancestral a que nos quedaremos sin trabajo lleva en ocaciones a los emprendedores a situaciones insostenibles.

¿Su negocio es un bonsái o una secuoya?

Para cualquier estructura económica, no importa de qué tipo sea o a qué se dedique, hay una zona crítica en la que tener éxito supone dejar de tener éxito. ¿Por qué? Porque la carga de trabajo impide cumplir diligentemente las obligaciones contraídas. Desconozco su actividad concreta, pero le aseguro que hay un momento en el que es más sensato simplemente decir «no». Pensar que hay que crecer siempre es un concepto que, sin matices, constituye un error. La mucha luz es como la mucha oscuridad: no dejan ver. Aspirar a crecer y a superarse es una condición ligada al género humano, pero hay que saber cómo se hace, o de lo contrario pronto se verá en el punto en el que le dejará de satisfacer su trabajo. Paradójicamente, por tener demasiado. Se han escrito cientos de libros acerca de cómo vender nuevos proyectos, pero apenas hay nada escrito sobre esta necesidad de estabilizarse que tantas personas ansían. Si usted es una de ellas, por favor, recapacite.

Piense si quiere seguir creciendo y hasta dónde. También de qué manera. ¿Quiere contratar a otras personas? ¿Desea subcontratar parte de su trabajo? ¿Le merece la pena hacerlo? Calcule no solo los beneficios económicos sino también los costes personales. Calcule lo que le va a proporcionar y lo que le va a costar cada crecimiento en diferentes parcelas de su vida. Piense también cómo va a gestionar el crecimiento o la estabilidad. Asuntos nada fáciles de resolver por otra parte. Y otra cuestión importante: crecer también puede significar encontrar clientes o trabajos cada vez más rentables e ir progresivamente deshaciéndose del resto o subcontratándolos.

Recuerde que crecer siempre e indefinidamente en lo económico no es una obligación. Es una opción. El éxito se inventó para disfrutarlo. Por favor, no muera de éxito.

Recuerde: si no aprueba todas no pasa de curso

Error 6. No comprender que existen diferentes tipos de beneficios

Buscad y hallaréis, llamad y se os abrirá.

[Mateo 7,8]

El que sabe el qué, encontrará el cómo.

[Nietzsche]

¿Usted es emprendedor solo para ganar dinero? Aunque la respuesta sea sí —y si es así, créame que lo siento— si solo se concentra en ganar dinero, su actividad económica acabará por fracasar. Usted es como un coche. Para que un vehículo funcione tienen que funcionar correctamente todos sus sistemas. El mejor motor y los mejores sistemas de seguridad no sirven de nada si se estropea algo tan aparentemente insignificante como la cerradura para abrir la puerta. A mí me pasó y pude experimentar, mientras regresaba a casa en taxi, la certeza de que una cadena es tan fuerte como lo es el más débil de sus eslabones.

No hay nada insignificante en la vida. Todo tiene su importancia. No hay cosas grandes o pequeñas y mucho menos si hablamos de personas. Hay que cuidar todo por igual. Nunca sabemos las consecuencias que puede tener una pequeña acción bien hecha o mal hecha. Es el efecto mariposa: ¿cuál puede ser la consecuencia de que una mariposa mueva sus alas? Nadie puede saberla.

En su libro *Teoría general de sistemas*, Bertalanffy nos regala algunas ideas muy valiosas. Una de ellas es la de que un sistema es más que la suma de sus partes.

Cualquier cambio en una de las partes del sistema afecta a las demás. No comprender que hay diferentes tipos de beneficios y que están todos relacionados entre sí le impedirá obtener aquellos en los que quiera concentrarse. Desee el tipo de beneficios que desee, tendrá que estar atento a los demás. Si solo se preocupa por uno de los eslabones de la cadena, esta se romperá en cualquier otro eslabón.

Además de las económicas, tan fáciles de cuantificar, existen otros tipos de recompensas, y no comprenderlo acarrea con frecuencia problemas a los emprendedores. No importa que su objetivo sea ganar mucho dinero o poder echarse la siesta todos los días, debe prestar atención a todas las partes del sistema. Salvo que funcione todo, desde la cerradura hasta la pieza más insignificante del motor, el coche le acabará por generar problemas.

¿Se acuerda del colegio, donde había asignaturas consideradas importantes y luego estaban las «marías»? Seguro que recuerda que para pasar de curso había que aprobarlas todas, matemáticas y lenguaje, pero también música y gimnasia. Pues en la vida del emprendedor sucede lo mismo, si quiere pasar de curso no puede descuidar ninguna de las asignaturas. Podrá sacar sobresaliente en algunas, pero salvo que las apruebe todas, no pasará de curso. O comprende que hay diferentes tipos de beneficios o no pasará de curso. ¡Suerte en los finales; no hay marías!

Encuentre las siete diferencias de lo que ofrece

Error 7. No ofrecer ningún valor añadido

Ama a fondo tu profesión. Esfuérzate en tu labor
como si de cada palabra que digas, de cada pieza que coloques,
de cada golpe de martillo que des, dependiera la salvación
del mundo. Porque depende de ello... ¡Créelo!
[Joan Maragall]

La ventaja competitiva de la empresa de hoy
pesa menos que el sueño de una mariposa.
[Funky Business, J. Ridderstrate y K. Nordström]

Sé que está cansado de oir lo mismo una y otra vez. Vivimos en un mundo muy competitivo y son muchas las áreas que hay que dominar, así que cuando le dicen que tiene que ofrecer un valor añadido, usted piensa: encima de encontrar clientes, pelearme con todo el mundo y hacer mil cursos, ¿ahora también tengo que ofrecer un valor añadido? Ya lo haré en otro momento. Es decir: nunca. Sin embargo, como emprendedor, no puede delegar o cancelar esa tarea. Es estratégica y por ese motivo no la puede dejar de hacer. Vamos a ver por qué no puede simplemente olvidarse de ella. También cómo puede llevarla a cabo.

Encontrar el valor añadido a veces es un ejercicio de encontrar las siete diferencias con los que ofrecen productos o servicios similares a los suyos.

Si no ofrece un valor añadido, si no tiene un algo que lo diferencie y no lo comunica de forma clara, en la práctica será percibido como uno más entre el resto de personas o empresas que hacen lo mismo que usted. Para hablar claro: será uno más del montón.

¿Por qué habrían de contratarlo frente a los demás? La buena noticia es que encontrar ese algo diferenciador no le supondrá apenas esfuerzo y, sin embargo, le ayudará a encontrar y mantener clientes. Sus clientes necesitan saber, aunque sea de una manera intuitiva, por qué es usted o su empresa única haciendo lo que hace. O lo que es casi lo mismo, ¿por qué sus productos o servicios son diferentes? Y cuanto más especializado sea el trabajo profesional que haga, más necesario resultará que sea capaz de diferenciarse.

Por cierto, no le recomiendo que sea único por sus precios asequibles. Con esto no quiero decir que ofrezca unos precios sistemáticamente por encima del resto del mercado. Aunque es una técnica de posicionamiento, apurar los precios a la baja, a largo plazo, no es sostenible ni suele ser rentable Y si usted es *freelance* esta práctica suele ser directamente un suicidio: le acabará por desgastar a usted, a la gente que trabaja con usted y, en último término, es posible que acabe por desgastar a sus clientes también, puesto que no les podrá cuidar como se merecen. Diferenciarse únicamente por el precio, como mucho, es sostenible mientras usted consigue sus primeros clientes. Nada más. Escape de ese callejón sin salida cuanto antes.

Por otra parte, los precios más competitivos se asocian rápidamente a productos de baja calidad, independientemente de que esto sea cierto o no. Así que cuidado con las ofertas y los descuentos.

Para resumir: el valor añadido es la idea por la que usted quiere que se le reconozca. Puede que sus clientes ni siquiera lo sepan conscientemente. Eso da un poco lo mismo mientras usted sí que lo sepa y lo ponga en práctica.

¿Supera la expectativa de su cliente en cada trabajo?

Y, por cierto, hablando de valores añadidos, otro tipo de valor añadido diferente es el que se ofrece en cada trabajo que usted realiza. Debe encontrar la manera de que cada vez que ofrezca un producto o un servicio, este llegue un poco más lejos de lo que se espera. Entréguelo antes de lo que el cliente espera. En el caso de trabajos profesionales, puede hacer una llamada una vez que ha entregado este para comprobar que todo está en orden y para preguntar si se puede dar por acabado el trabajo. Regale algo que a usted no le cueste mucho pero que el cliente no espere. Preste atención al detalle. Supere la expectativa que su cliente tiene sobre usted o sobre su trabajo. Esa es la clave: superar la expectativa. Prometa poco y dé mucho. De esta manera no se pillará los dedos y las personas con las que trabaje, clientes o no, estarán satisfechas de hacerlo porque sabrán que es una persona que no solo cumple su palabra, sino que a veces incluso va más allá. Por cierto, si regala este pequeño valor añadido sin avisarlo, lo convertirá incluso en más valioso.

Ofrecer un valor añadido a veces no supone cambiar el desarrollo de su actividad lo más mínimo. A veces va a consistir simplemente en encontrar algo de lo que ya hace que puede comunicar o vender como diferenciador. Nada más.

Sin conocer su modelo de negocio, le digo de antemano que tiene valores añadidos ocultos o que los puede inventar con apenas un pequeño cambio respecto de lo que hace ahora mismo. Encuentre estos valores ocultos y comuníquelos correctamente. Notará la diferencia. Recuerde que su mejor publicidad son sus clientes satisfechos, locos por contarle a todo el mundo lo bueno que usted o su organización es haciendo lo que hace. En resumen: ¿qué puede ofrecer a sus clientes que estos no esperen?

Consultar el mapa antes de acelerar a fondo

Error 8. Dedicarse a lo urgente antes que a lo importante

No por mucho madrugar amanece más temprano.
[Dicho popular]

Pregunta de examen. Responda rápidamente. Si usted conduce por una carretera, ¿qué es lo que hace para llegar a su destino, acelera a todo gas y se despreocupa del itinerario a seguir o busca en el mapa, planifica la ruta y luego va hacia allí, quizá a toda velocidad?

Si usted es capaz de comprender que lo razonable es buscar la ruta y después elegir la velocidad, ya ha comprendido la esencia de este capítulo. De todas maneras siga leyendo.

Ahora solo le queda entender que esta idea es la que tiene que aplicar a la gestión de su trabajo. Ir más deprisa no garantiza que se llegue antes, como trabajar más no significa que se trabaje mejor.

Hay un libro que como emprendedor no se puede perder. Se trata de *Los siete hábitos de la gente altamente efec-*

tiva, de Stephen Covey. Uno de los hábitos es *Primero lo primero*. Y lo primero es lo importante, porque eso le evitará tener que estar en la urgencia. De verdad que no es muy difícil. A veces es solo cuestión de proponérselo.

Por alguna razón que no alcanzo muy bien a comprender, el trabajo del emprendedor se presta muy bien a la urgencia. La propuesta de este libro es que se salga de lo urgente e ingrese en lo importante cuanto antes. La gestión de sus actividades debe hacerla desde lo importante. Cuanto más dedique a lo importante menos dedicará a lo urgente.

Es probable que dedique más energía y recursos a lo urgente que a lo importante. No se preocupe: es bastante habitual. Vivimos en un mundo en el que se repite continuamente que todo es para antes de ayer. Mentira. La experiencia demuestra que una gran parte de las cosas pueden esperar más de los que creemos. La prueba está en que muchas veces esperan.

Ahora está pensando que en su caso es diferente, que sus clientes realmente no pueden esperar. Falso. En la mayoría de las ocasiones las cosas pueden esperar un poco. Por lo menos más de lo que nos creemos. Con esto no le quiero decir que retrase sus trabajos innecesariamente, para nada, lo que quiero decir es que no se deje absorber por lo urgente, que dedique parte de sus recursos a lo importante. La única manera de no estar siempre en lo urgente es dedicar tiempo a lo importante.

Si dedica una parte importante de sus recursos a pensar estratégicamente, cada vez tendrá menos urgencias. No me cansaré de repetir esto una y otra vez, pero es que he visto tantas veces que los emprendedores para llegar a un sitio aceleran a toda velocidad en lugar de mirar el mapa, que me parece vital volver a insistir: lo importante antes que lo urgente. Y si lo hace, cada vez dispondrá de más tiempo para seguir planificando estratégicamente.

¿Dónde pone la ropa nueva cuando tiene el armario lleno?

Error 9. No poner los contadores a cero de vez en cuando

Cuando dudes entre hacer y no hacer,
siempre hay que elegir hacer, aun a riesgo de fracasar.
Si esto ocurre, al menos obtendremos la experiencia.
[Alejandro Jodorowsky]

Si estás atento al presente, el pasado no te distraerá,
entonces serás siempre nuevo. Tienes el poder para ser libre
en este mismo momento, el poder está siempre en el presente
porque toda la vida está condensada en cada instante...
[Facundo Cabral]

Otro de los errores que cometen frecuentemente los emprendedores es no hacer limpieza con mayor frecuencia: quedarse atado al pasado. Hacer una limpieza de cosas, de tareas pendientes y creencias de vez en cuando es una actividad energizante y necesaria. Le ayudará a sentirse bien y a ser más eficaz y eficiente en su trabajo.

¿Conoce el síndrome de la rana hervida? Al Gore en su película *Una verdad incómoda* explica que si introducimos una rana en agua caliente, da un salto y se escapa, pero si la introducimos en agua a temperatura ambiente y procedemos a calentarla lentamente permanece en el agua hasta morir hervida. Si usted entra en un lugar desordenado o sucio, rápidamente «da un salto» y procede a ordenarlo. Pero si el desorden se va adueñando poco a poco de sus cajones y armarios, lo más probable es que no se dé cuenta y, como la rana, muera. Ese es el peligro de no hacer limpieza de vez en cuando.

Cuando su armario se llena, no hay espacio para nada más. Aunque se compre ropa nueva, no tiene dónde ponerla. Con las ideas pasa algo parecido. Y si hay algo que no le funciona en la vida, a lo mejor necesita hacerse con nuevas ideas. Pero para tener dónde ponerlas cuando llegue con ellas a casa, como si de un armario se tratase, necesita deshacerse de las prendas viejas, es decir, de las ideas obsoletas.

Hay ideas, objetos y creencias que funcionan en un momento de la vida, pero que, pasado un tiempo, ya no le resultan útiles. Debe reciclar todo ese material que no le sirve o le estará lastrando innecesariamente. Hay ideas a las que deberá someter a un profundo interrogatorio. Si no lo pasan, son sospechosas: fuera. ¡Deshágase de ellas!

Cuando una idea pasa a formar parte de la manera en la que entendemos el mundo, de las gafas a través de las cuales entendemos la realidad, se llama *creencia*. Hay creencias que pueden estar lastrando su desarrollo. Puede que tenga otras que le estén ayudando. En ambos casos debe ser consciente de cuáles son.

Limpieza de objetos

Hay determinados aspectos del desarrollo humano que resulta más fácil trabajarlos desde lo simbólico, desde el juego o desde la metáfora.

En este sentido hacer una limpieza exhaustiva de su casa y/o lugar de trabajo suele tener unas consecuencias insospechadas a priori. Es un trabajo simbólico que afecta a los demás órdenes de su vida. Haga limpieza y regale o tire todo aquello que lleva tiempo sin utilizar. Hágalo habitación por habitación, armario por armario, cajón por cajón hasta que todo lo que se quede sea porque es realmente útil. Esta simple actividad le ayudará a despojarse paralelamente de algunas viejas ideas y le permitirá empezar un nuevo ciclo de su vida con energía limpia y fresca.

Este ejercicio también le resultará útil para romper bloqueos energéticos. No hay nada más renovador que una buena limpieza de escritorio y de ordenador para desbloquear una situación. ¿No le sale un trabajo o no se concentra? Haga una limpieza. Es mágico.

Limpieza de tareas pendientes

Es importantísimo hacer limpieza de objetos pero también de cuestiones pendientes que llevan sin solucionarse tiempo y que nunca hacemos. Haga una lista con todas esas cosas que lleva un tiempo deseando hacer pero con las que por unos motivos o por otros nunca acaba de empezar. Le saldrán tareas como limpiar el coche, arreglar no sé qué armario o puerta o enchufe, colocar unas fotos o unos libros, ordenar el trastero o la despensa, escribir un *e-mail* o llamar a alguien…, pues bien tome esa lista y comience a hacer las tareas más urgentes o las más fáciles. Le llevará un tiempo completarla. Lo importante de esta lista no es que la complete. Y, si lo hace, mucho mejor. Lo realmente importante es que se quite de en medio la sensación de que tiene cosas antiguas por hacer desde hace tiempo. Por eso le recomiendo que si es necesario se olvide de una vez y para siempre de completar algunas de las tareas de la lista. Haga las que tiene que hacer, y del resto, olvídese. Si lleva tiempo pensando en reparar la batidora pero nunca lo hace, es el momento de llevarla a arreglar o bien olvidarse de que tiene batidora. Tírela, recíclela o regálela pero olvídese de la batidora. Cuando realmente la necesite, ya conseguirá una.

Disfrute del placer de poner los contadores a cero de un plumazo, bien porque resuelve las tareas pendientes, bien porque decide deshacerse de estas tareas.

Se me ocurren pocas actividades más revitalizantes e inspiradoras que eliminar todos los «tengo que…» que llevan un tiempo incordiándole en su vida.

La enseñanza de Forrest Gump

Error 10. No asegurar sus bienes y su labor profesional

> No vale acordarse
> de santa Bárbara solo cuando truena.
> [Dicho popular]

Una de las frases que más me impactó en su día de la película *Forrest Gump* fue *Shit happens* que podría traducirse como «La mierda ocurre». Vulgar, de acuerdo, pero cierta al fin y al cabo. De vez en cuando, las cosas simplemente no suceden como uno espera que lo hagan. Si además no se está correctamente protegido, se tiene realmente un problema.

Como emprendedor hay varias áreas que debe proteger. Y no es cuestión de elección. Hacerlo resulta sencillamente más sensato que no hacerlo.

Una es su propia vida, en el caso de que su desaparición repentina generase graves problemas a alguna persona, como su pareja, sus hijos o alguien que le haya avalado para poner en marcha su negocio, por ejemplo. Si este es el caso, subscriba un seguro de vida por un valor que al menos cubra la deuda que dejaría en el caso de que alguna desgracia sucediese.

Otro seguro que puede resultar recomendable es el de salud.

Doy por hecho que tiene su casa y sus bienes asegurados. El precio es tan insignificante en comparación con la tranquilidad que le aporta, que en el caso de que no lo tenga, debe salir corriendo inmediatamente a contratar uno. Esto no admite siquiera discusión, pero se ven cosas tan raras a veces por ahí...

Si, como es probable, desarrolla parte o todo su trabajo con un ordenador, debe copiar con frecuencia todos sus archivos. Debe acostumbrarse a hacerlo con una periodicidad determinada y luego cumplir el compromiso consigo mismo. No hay nada peor que perder el trabajo que ha realizado durante un período enorme de tiempo por un robo, una pérdida o por una subida de tensión en la red. Existen unos discos duros portátiles de precio asequible que facilitan esta cuestión. Además, su uso es realmente sencillo: solo hay que conectarlos al puerto USB del ordenador y arrastrar posteriormente las carpetas o documentos que desea copiar. Si no tiene tiempo, puede dejar el ordenador trabajando mientras usted está fuera de su sitio de trabajo o simplemente por la noche. Compare la sencillez de hacer esto, digamos, por ejemplo, una vez al mes, con lo que le supondría perder esa información. No se olvide de copiar también los correos electrónicos. Puede ser prudente trasladar una copia de todos sus archivos a un lugar diferente de su casa o de su lugar de trabajo. En el caso de que haya un incendio o le roben, lo más probable es que se quede tanto sin ordenador como sin copia de seguridad.

Antivirus. Se trata de otra de las precauciones básicas. El precio que tienen es ridículo en comparación con el destrozo que le podría ocasionar el carecer de uno de ellos.

En el caso de que posea objetos de valor, fotografíelos y guarde las facturas. Esto le ayudará a probar su propiedad en el caso de que la policía los encuentre. Puede fotocopiar estas facturas y guardarlas en otro lugar como la casa de algún familiar o de un amigo de confianza.

Otra precaución en el caso de que viaje con frecuencia es dejar en el correo electrónico una copia de su agenda con los contactos u otros documentos importantes de los que pueda tener necesidad, así como una fotocopia escaneada de su pasaporte u otra documentación importante.

Lo mejor de todas estas precauciones es que le proporcionan cierta paz mental al no tener que estar temiendo continuamente qué ocurriría en el caso de que...

Este capítulo, en realidad, es bastante sencillo. Se trata simplemente de recordarle lo que ya sabe: que actuar ahora que no tiene el problema encima, es fácil, y que el coste de tomar precauciones es ínfimo en comparación con el daño que le puede ocasionar. El problema de los problemas no solo son los problemas, sino todo el tiempo que le tomará resolverlos en el caso de que no esté protegido adecuadamente.

Su energía tiene que dedicarla a desarrollar su actividad de la mejor manera posible, no a lidiar con problemas menores.

Parte 2
Errores frecuentes en el trabajo del día a día

¿Hinchamos juntos una pompa de jabón?

Error 11. No darse cuenta de que lo que más valoran de usted cuando le contratan es la confianza

No podemos seguir juntos
si sospechamos mutuamente.

[Elvis Presley]

Las películas de mafiosos siempre me han gustado. Desde hace algún tiempo sé por qué: todo el tinglado que montan se sostiene en la confianza que los unos depositan en los otros. Y es que es así como realmente se hacen negocios.

En la primera secuencia de la magistral película *Casino*, de Martin Scorsese, aparece Robert de Niro y afirma: *Cuando se ama a una persona tienes que confiar en ella. No hay otra forma. Tienes que darle la llave de todo lo que posees. Si no, ¿de qué sirve tu amor?* En los negocios pasa lo mismo y, si hablamos de emprendedores, la confianza lo es todo.

Por favor, no se confunda. A usted no le contratan por la calle en la que tiene la oficina, ni por su furgoneta, su maquinaria, su título o porque sea bueno en su trabajo. No. Tampoco porque le cae muy bien a su cliente. ¿Se ha planteado alguna vez por qué sus clientes le contratan a usted y no a otra persona que haga lo mismo?

Durante mucho tiempo esta pregunta me torturaba. Yo no tenía oficina, me he pasado años con el despacho en mi casa y funcionando con un @hotmail.com, no tenía Web ni logotipo ni marca, nadie me conocía al principio y no disponía de una titulación específica para desarrollar parte de los trabajos que hacía [aunque siempre he sido profundamente autodidacta] así que yo me preguntaba una y otra vez ¿por qué me contrata toda esta gente y por qué cada vez tengo más y mejores trabajos?

Poco a poco empecé a comprender que los negocios se mueven gracias a la confianza. El mundo también. Aquella persona capaz de generar mayor confianza será aquella que más negocios será capaz de hacer. Si usted no confía en alguien, lo más probable será que no haga negocios con esa persona, independientemente de la marca u organización que tenga detrás.

Pues a la persona que tiene enfrente, que es su cliente o su potencial cliente, le sucede, por lo general, lo mismo. En último término usted hace negocios con alguien porque piensa que no le va a engañar. Cuando alguien nos engaña ni el mejor abogado puede hacer mucho, y esto es algo que todo el mundo sabe. Por eso, cuando alguien hace negocios con usted, lo que más valora, incluso por encima de su capacidad técnica, es la confianza que puede depositar en usted. Recuerda esa especie de maldición que se dice en la calle: «Dios te dé juicios aunque los ganes». Pues eso, aun cuando ganamos un juicio, perdemos. Todo el mundo sabe que es más fácil evitar los problemas que resolverlos. Por eso contratamos a personas de confianza.

Confianza es poder creer a una persona por completo y a la primera. Y todos los humanos la buscamos porque nos facilita la vida tremendamente. Por eso las personas a las que los demás creen tienen mayores posibilidades de éxito en la vida. Salvo que fallen esa confianza; no hay nada más difícil de recuperar que la confianza perdida. ¿Ha visto a estos magos que hinchan pompas gigantes de jabón? Pues la confianza es como una de esas pompas gigantes de jabón: cuesta mucho hincharla sin que se rompa, pero es muy fácil que se pinche. Y si lo hace, cuesta mucho volver a hincharla, pero cuesta más aún recuperar la ilusión de querer llenarla de nuevo.

Lo importante de todo esto es que no se le darán bien los negocios —y especialmente la primera parte de las relaciones comerciales, que es la venta— salvo que sea capaz de despertar en sus clientes la confianza suficiente para que le seleccionen para desarrollar un determinado trabajo.

Así que la pregunta del millón es: ¿Y cómo genero yo confianza en las personas con las que me relaciono? La única manera es comportándonos de manera íntegra. Para mí, en esto no existen atajos. Hay cientos de libros que le explicarán cómo tiene que hablar en público, las mejores técnicas de venta, de negociación o cómo caer bien a la gente. Pues yo le digo que todo eso le podrá ayudar, pero solo si tiene un cimiento personal sólido. Y ese cimiento se llama *integridad*. Y sin el cimiento, todo el edificio, antes o después, se desmorona.

La parte dedicada a la cuenta bancaria emocional del libro *Los 7 hábitos de la gente altamente efectiva* ofrece una metáfora brillante. Su autor, Covey, explica la idea de la *cuenta bancaria emocional,* que es una metáfora de la confianza que tenemos respecto de otro ser humano y otras personas tienen de nosotros: *Si aumento los depósitos de una cuenta bancaria de la que hago a usted depositario, mediante la cortesía, la bondad, la honestidad y mantengo mi compro-*

La confianza, base de cualquier trato comercial, es tan frágil como esta pompa de jabón.

miso con usted, yo constituyo una reserva. La confianza que usted tiene en mí crece y yo puedo apelar a esa confianza muchas veces, en el caso de que la necesite. Incluso puedo equivocarme y esa reserva emocional compensará la diferencia. [...] Nuestras relaciones más constantes [...] requieren los depósitos más constantes.

La integridad es la que genera confianza en las personas que tiene a su alrededor. Y esto aplica de igual manera tanto para las relaciones laborales como para las afectivas. Si usted se comporta íntegramente, entonces podrá aprender a desarrollar las técnicas de comunicación necesarias para demostrar a su interlocutor lo que usted vale y lo bien que desarrolla su trabajo. Cualquier otra manera de comportarse es una impostura y antes o después acaba por ser desenmascarada.

Como emprendedor no puede olvidar que lo que más valoran las personas que le han contratado es la confianza que han depositado en usted, y no puede, bajo ningún concepto, fallarles. Si lo hace, no tendrán la ilusión necesaria de volver a hinchar la pompa de jabón con usted. Puede equivocarse, pero no traicionar la confianza. Y fíjese que se trata de dos cuestiones diferentes.

Pero es que, además, en una sociedad como en la que vivimos donde hay tantos engaños, o al menos la sensación de que se producen, cuando una persona encuentra otra en la que confiar, es tanta la alegría que experimenta que pronto correrá a decírselo a todo el mundo. ¿A que ha oído mil veces a ese amigo suyo recomendándole a su dentista, a su gestor o a su mecánico? Eso es fundamentalmente porque confían en esa persona y no necesariamente porque sea bueno cambiando bujías o haciendo la declaración de la renta. Sus clientes son una red de comerciales trabajando para usted. Cuando confían en usted, se lo quieren decir a todo el mundo.

Y para acabar, una observación muy personal: aquellas personas que antes confiaron en mí han sido las que, a la larga, me han demostrado ser más dignas de toda mi confianza. Al fin y al cabo, la mayoría de las personas nos comportamos con los demás bajo el supuesto de que son igual que nosotros. Por eso normalmente confío en las personas que confían en los demás.

En último término, a usted le encargan un trabajo porque confían en usted. Puede haber otros factores que influyan en la contratación, pero, sin confianza, créame que no se hacen negocios. Conviértase en una persona digna de merecer esa confianza, cultive su integridad y los demás lo percibirán. Y cuando eso pase, entonces habrá construido uno de los pilares básicos en los que apoyar su desarrollo profesional.

Aprender a dar los precios como James Bond
Error 12. No saber vender

> Cuantos más deseos tengas, mayor será tu sufrimiento,
> cuantos más deseos abandones, mayor será tu gozo.
>
> [Tiru Mandiram]

Créame: si trabaja como emprendedor o si tiene pensado hacerlo, hay dos habilidades sin las cuales no podrá sobrevivir. No le dé más vueltas. Mejor que alguien se lo diga ahora a que luego pague las consecuencias.

La primera es la habilidad para ser capaz de disfrutar de la incertidumbre. Sobre ella hablaremos más adelante.

La otra es que le guste vender. He conocido a algunos emprendedores a los que no les gusta vender y por lo general no les suele ir muy bien. Lógico: es como si se hace piloto de fórmula uno porque le gusta conducir, pero eso de la velocidad no va con usted. Imposible. Poco importa si es bueno o no en su trabajo. Si no le gusta la actividad comercial, tiene poco que hacer como emprendedor. Y como no disfrute con la incertidumbre, menos aún. Aunque sobre esta cuestión hablaremos en otro capítulo.

Esto no significa que se tenga que convertir en un charlatán vendedor de coches de segunda mano. Significa que entienda que hay unas cuantas habilidades comerciales que necesita desarrollar, al menos un poco, para garantizar su supervivencia.

¿Las vemos?

1. La capacidad de saber explicar qué hace o qué puede hacer. Entrénese en esto porque en el fondo es fácil. Cuando la gente le pregunte a qué se dedica, tiene que ser capaz de explicarlo de manera clara y resumida. Y si puede explicar la actividad junto con el beneficio que produce, mejor que mejor. Algo del tipo doy masajes del tipo x que permiten a la gente sentirse mucho mejor cuando su estado de salud está deteriorado o recuperar un estado de salud cuando se encuentran estresados. Y si adapta un poco el mensaje a su interlocutor entonces será un mago de la comunicación. La persona con la que habla tiene que saber, después de este primer contacto, si es un arquitecto de interiores, de chalets adosados o de ambas cosas a la vez.

Quizá conozca un programa televisivo de debate llamado *59 segundos*. La base de este programa es que las personas pueden defender su punto de vista durante un máximo de 59 segundos. La idea está clara: o es capaz de explicarse brevemente o está muerto socialmente. En su caso, como es emprendedor, si no domina el arte de ser conciso, además de socialmente, lo estará económicamente.

Como emprendedor, lo más normal es que su red de conocidos sea parte de su red comercial, al menos al principio, así que cerciórese de que ellos saben bien a qué se dedica para que cuando aparezca una oportunidad, piensen en usted.

2. La capacidad de saber explicar de manera correcta el trabajo que va a desarrollar. Ya sea en forma de proyecto, de presupuesto o de folleto comercial, por favor, sea claro. Tiene que disponer de una publicidad o presupuestos o lo que sea en función de la actividad que desarrolle, que, además de ser agradables de leer, cumplan unas normas mínimas de redacción, orden, limpieza y capacidad de explicar lo que quiere explicar.

Si el proyecto o presupuesto tiene un mínimo de complejidad, le aconsejo, por una parte, describir pormenorizadamente cada uno de los diferentes conceptos del presupuesto, y luego, en otra hoja, presupuestarlos por separado. Aunque venda productos en un comercio, la idea es exactamente la misma: la información sobre estos tiene que estar clara.

Hace poco pedí presupuestos para desarrollar una reforma. Los que recibí me darían para hacer un libro aparte. Uno de los autónomos con los que me puse en contacto me envío por correo electrónico diez documentos Excel, y cada uno de ellos explicaba un concepto del presupuesto. Además de gastar un montón de papel, tardé un buen rato en enterarme de lo que era cada cosa. Una catástrofe co-

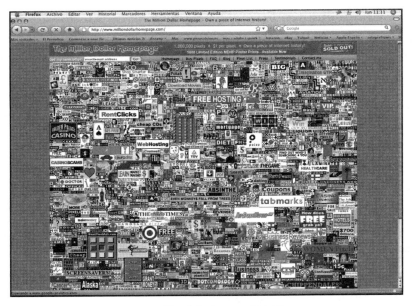

www.milliondollarhomepage.com
Si piensa que lo suyo es difícil de vender, eche un vistazo a esta página.
Se vendió entera. Precio: un millón de dólares.

mercial, además de medioambiental, para un chaval del que me habían hablado bien y en el que a priori confiaba. Otro me entrego solo un folio para una obra de reforma de una escalera de un edificio de viviendas que incluía pintura, suelos, ventanas, etc. Decía, por ejemplo: pintura: x euros, ventanas: x euros. Sin explicar nada sobre ese concepto. Otro desastre. Pedí dos presupuestos más que nunca llegaron en un tiempo de espera mucho más que razonable.

Entregue su presupuesto como quiera, pero verifique que se lee claramente y que explica bien lo que incluye y lo que no. Los presupuestos tienen validez jurídica como contrato, por lo que debe prestar atención a su redacción, especialmente a lo que se compromete y a lo que no. Acostúmbrese a pedir conformidad del mismo mediante firma o al menos por *e-mail*. Si le da apuro solicitarle esto a sus clientes puede jugar a poli bueno, poli malo y diga que su gestor o su secretaria están muy insistentes y se lo piden todo el tiempo.

Y ya que hablamos de presupuestos, incluya, si es necesario y casi siempre lo es condiciones de pago. O mucho mejor aún: negócielas de antemano. Hay muchas cosas que sabemos sin saber que las sabemos. Seguramente lo que le voy a decir ahora es una de estas: su objetivo desde el punto de vista económico es cobrar lo antes posible y pagar lo más tarde posible. Y los presupuestos son a este principio como mascar bien los alimentos lo es a una buena digestión.

De mi estancia en Londres importé una costumbre poco usada en España: la de las referencias. En el mundo anglosajón es muy frecuente ofrecer y solicitar referencias. Quizá pueda ayudarle incluir –yo de hecho siempre lo hago– referencias de otras personas o clientes con los que ha trabajado últimamente. Eso genera confianza. Incluso puede animar a que los llamen: de todos modos no es frecuente que lo hagan. Pero cuidado, si lo hacen no bastará con que ofrezcan buenas referencias; tienen que ser excelentes.

3. La capacidad de dar un precio sin que le tiemble la voz, sin dudar y sin dar explicaciones. Aunque no ol-

vide, eso sí, explicar lo que incluye. He trabajado algún tiempo como comercial y pensaba que esa actividad era dura. Y cuando lo hice en una lengua no materna y a puerta fría pensaba que era el no va más. Mentira. Lo duro es ahora que mi actividad profesional incluye una parte de trabajo comercial de 24 horas al día los 365 días al año. Que, además, cuenta con una dificultad añadida y es que el producto, en cierto sentido, soy yo. Para aquellos que desarrollamos trabajos profesionales, la cuestión de ponerle un precio a nuestro trabajo esconde una trampa psicológica: en el fondo nos estamos poniendo precio a nosotros mismos. Por eso todos coincidimos en que poner precios resulta una de las partes más difíciles de nuestro trabajo.

En cualquier caso, y al margen de estas consideraciones, usted tiene que ser capaz de dar el precio sin que le tiemble la voz, sin cambiar la velocidad normal a la que habla y sin justificar nada. Entrénese enfrente del espejo si es preciso, y no lo digo en broma, hasta que sea capaz de dar su precio de la misma manera en la que puede decir: «El cielo está despejado». Si carece de esta habilidad, sus clientes detectarán que está pasando algo y desconfiarán.

Por cierto, cuando ofrezca un precio nunca lo justifique. Trate, eso sí, de explicar junto a este lo que incluye. Tangibilice todo lo que pueda: diga, si es el caso, que el precio incluye dietas, transporte, seguros o lo que quiera que sea que el precio incluya. Eso ayuda al cliente a entender la cifra que le pide. De hecho es más que probable que el precio incluya algunos aspectos a los que usted no les otorga valor, pero que forman parte de la riqueza del producto o servicio que proporciona a su cliente. Busque estos aspectos e inclúyalos también en sus presupuestos o explíquelos cuando facilite los precios.

Si tiene que elaborar un presupuesto, trate de no dar precios en el momento. Se puede equivocar. Diga que lo tiene que calcular y llame en cinco minutos o al día siguiente o cuando quiera, pero evite dar un precio en el momento o sin contar con toda la información para darlo y con un momento para reflexionar.

Aunque nunca he visto a James Bond dar un precio, estoy seguro de que se le daría muy bien. A Bond nunca le tiembla la voz. Y a mí me encanta ese aplomo. Para mí, en este sentido, es un modelo. Independientemente de que esté hablando con Mony Penny o de que su enemigo le apunte con una pistola en la sien, siempre habla con el mismo tono y expresión. Jamás pierde la compostura. Eso es aplomo. Vea cualquier película de James Bond y entienda y si es necesario copie y practique esta actitud porque es la que debe adoptar cuando dé un precio. No es broma. Practíquelo y experimente los resultados por sí mismo.

4. La capacidad de soportar el miedo al rechazo. Le guste o no, como emprendedor, una parte esencial de su trabajo la constituye la venta. Y una parte esencial de la venta consiste en entrenar el músculo para aceptar un NO. Mejor dicho, muchos. Si no tiene capacidad de aceptar un

NO, no podrá ser nunca un buen vendedor y su capacidad de tener éxito como emprendedor se reducirá drásticamente.

¿Necesita entrenamiento con esto? Busque el «no». Si la puerta fría le da pánico, salga a la calle o tome el teléfono y empiece a hacer visitas o llamadas a destajo. El objetivo hoy no es vender, el objetivo es iniciar 50 conversaciones comerciales. Si le dicen que no, genial. Ya solo le quedan 49, y luego 48, y luego 47... Si le dicen que sí, cierre la venta o acuerde una segunda cita y continúe. Recuerde que su objetivo no es vender, sino iniciar 50 conversaciones comerciales.

Este ejercicio, créame, tiene que hacerlo si le tiene miedo a la venta. Si sabe que puede salir a la calle a buscarse la vida sin miedo al rechazo, caminará por la vida con el porte de los que saben que no tendrán dificultades, y eso genera confianza. Y la confianza genera ventas. Pocas personas se han molestado en desarrollar esta habilidad y las que lo han hecho, caminan por la calle con otra energía.

Si usted entra en este selecto club, no tendrá miedo a que le digan que «no», no se dejará mangonear por sus clientes porque sabe que puede conseguir más, aumentará sus ingresos cuando necesite hacerlo y cambiará de clientes cuando lo decida con cierta facilidad.

Desarrolle su capacidad para tolerar el «no» y habrá cultivado una de las mayores capacidades que un emprendedor puede poseer.

5. La capacidad de entender lo que significa realmente vender. ¿Qué entiende por vender? Y usted me dirá: pues lo que entiende todo el mundo...

Pero resulta que una misma palabra significa diferentes cosas para diferentes personas. Si tiene ideas raras o confusas sobre lo que significa vender, a lo mejor no está obteniendo los resultados que le gustaría. Antes de seguir leyendo: ¿Qué significa para usted vender?

Vender es simplemente pararse a pensar qué puede necesitar la persona con la que está hablando y cruzar esa información con aquello que le puede ofrecer. Para mí, la venta es un ejercicio de creatividad. Se trata de conectar oportunidades. Vender es solo eso. Al que tiene enfrente le da exactamente igual lo que usted vende, hace o produce. Lo único que quiere, y con razón, es solucionar la necesidad que tiene en ese momento. Por favor, no le cuente su rollo sin antes entender qué puede necesitar. Se ahorrará tiempo y se lo ahorrará a los demás.

Vender es ser capaz de entender qué necesita la otra persona y ver si hay algo en lo que le puede ayudar. Deje su punto de vista para otro momento. Lo que interesa es cómo ve las cosas la persona a la que usted quiere ayudar, a su cliente.

Vender es generar oportunidades donde antes no las había. Es entender en qué punto su necesidad y la de su cliente se encuentran. Usted lo que hace es descubrir junto con su cliente algo en lo que puede ayudarlo. Si presenta presupuestos o proyectos, hágalos personalizados. Hable con su cliente primero y luego prepare la propuesta comercial. Lo demás es demasiado arriesgado o perder el tiempo. Vender es simplemente encontrar o crear oportunidades. Nunca es presionar. Tampoco es ser pesado. Ni colocarle algo a una persona que no necesita lo que usted vende. Vender es escuchar, entender, encontrar una necesidad y luego ofrecer algo que pueda satisfacerla. Eso es vender. Lo demás, perder el tiempo.

6. La capacidad de entender que la venta de los emprendedores es normalmente un proceso en el que cada parte vende la siguiente. Hablaba hacía poco tiempo con una compañera *freelance*. Me pedía opinión sobre su nuevo catálogo de servicios y su página Web. Me preguntaba si me parecía bien.

– ¿Bien para qué? – le respondí.
– Pues bien para vender.
– Este folleto raramente va a venderte nada [Ella ofrece servicios de *coaching*].
– ¿Cómo me dices eso? – me dijo escandalizada…– ¿Para qué te crees que lo hago?

Le respondí que un folleto raramente va a vender los productos que ofrecen normalmente los *freelances*, se dediquen a lo que se dediquen.

Hay que entender que el proceso de la venta es, en cierto modo, como el de la seducción. Sin contacto ocular, no hay normalmente conversación. Sin conversación, no hay sonrisas. Sin estas, no hay teléfono, y sin este, la segunda cita no tiene lugar.

De la misma manera, el folleto no tiene como objetivo vender, sino facilitar una segunda cita en la que su objetivo es que le soliciten un proyecto o un presupuesto, que en una posterior conversación quizá se convierta en venta.

Conclusión: no quiera nunca vender en un primer contacto. Especialmente en el caso de que ofrezca servicios profesionales. Si la venta aparece, estupendo, pero no lo intente. Cada contacto tiene que llevar al siguiente de forma natural para que tanto al cliente como a usted les dé tiempo de valorar si quieren trabajar juntos. No olvide que aceptar a un cliente a la primera puede ser una locura: puede que haya algún factor por el que a usted no le interese aceptarlo como cliente. Los emprendedores lo olvidan a menudo: hay clientes que, de verdad, no interesan.

7. La capacidad de entender que suele ser más rentable fidelizar clientes que encontrar otros nuevos. Claro que esto no va a resultar posible en todas las actividades, pero si en la suya lo es, compruebe si le funciona. Las empresas y *freelances* que cuentan con una clientela estable y fiel les resulta mucho más fácil perdurar en el tiempo. Lógico: no tienen que emplear tiempo en ganarse la confianza de sus clientes y pueden utilizar esas horas en satisfacer a los que ya tienen.

Uno no cambia de caballo a mitad de carrera

Error 13. Analizar demasiado: no seguir el ejemplo del león y la gacela Thompson

> Todo se encadena perfectamente si a uno le da realmente la gana. Lo único falso en esto es el análisis.
> [De *Rayuela*, Julio Cortázar]

> La inconstancia, enemiga en extremo de la serenidad.
> [Séneca]

Conozco a un exitoso *coach* que afirma que todo lo que uno necesita saber para vivir se puede aprender en los documentales de animales de La 2. ¿Un poco exagerado? Quizá; sin embargo, hace poco compartíamos uno de estos cocktails en los que los asistentes están de pie hablando los unos con los otros y mientras observábamos lo que daba la apariencia de ser un intento de seducción por parte de una de las personas que asistían al evento, aprendí la enseñanza de la gacela Thompson.

Este colega, al ver cómo esta persona se distraía entre dos «presas», me comentó cómo en los documentales se puede apreciar perfectamente que el león que consigue cazar a la gacela es aquel que, aunque haya escogido para perseguir a una más rápida que a otras del mismo grupo, no cesa en el intento y no cambia de presa a mitad de carrera. El león que normalmente caza a la gacela es aquel que persigue a la misma presa pase lo que pase, que no cambia de objetivo. El león que se distrae y cambia de gacela, pierde. También puede quedarse sin cena, aunque no cambie de presa, pero cambiar nunca incrementa sus posibilidades de éxito.

¿Qué es lo que hace mal este león? Pues, sencillamente, analizar demasiado. Demasiado análisis está reñido con la acción. Si analiza demasiado, corre el peligro de cambiar de objetivo, que es lo que hacen mal algunos leones: los que más frecuentemente se quedan sin cazar. Lo mismo que le pasó a la persona de nuestro cocktail. Analizó demasiado y cambió de presa a mitad de carrera.

Esta misma idea es la que sustenta la campaña propagandística de uno de los partidos contendientes a la presidencia de Estados Unidos en la película *La cortina de humo*. En esta joya del cine de Hollywood, el eslogan de uno de los partidos es *Uno no cambia de caballo a mitad de carrera.*

Y ese es precisamente el problema que sufren muchos emprendedores. Cambian de caballo a mitad de carrera. Como saben que los resultados de cualquier decisión adoptada les afectarán directamente, analizan demasiado cuando van detrás de la presa y se dicen: ¡Pero si esa otra

Vivir sin jefe

Triunfa el león que no cambia de gacela a mitad de carrera.

gacela va mucho más lenta! Y entonces cambian la dirección de la carrera. Un error.

La acción es a veces el mejor maestro. Otras veces, el único. No sabrá si está en lo cierto hasta que acierte o se equivoque. No se puede vivir sin riesgo a equivocarse. En *La brújula interior*, de Álex Rovira, se dice:

Reírse es arriesgarse a parecer tonto.
Llorar es arriesgarse a parecer sentimental.
Alargar el brazo para coger a otro es arriesgarse
a implicarse.
Mostrar los sentimientos propios es arriesgarse
a mostrarse uno mismo.

Errores frecuentes en el trabajo del día a día

Exponer tus ideas o sueños ante una multitud
es arriesgarte a perderlos.
Amar es arriesgarse a no ser correspondido.
Vivir es arriesgarse a morir.
Tener esperanzas es arriesgarse a perderlas.
¡Pero se tienen que correr riesgos! Porque el mayor peligro en
la vida es no arriesgar nada.
Si no haces nada, si no arriesgas nada, tu existencia se
oscurece.
Es probable que de este modo evites sufrimientos, pero no
vas a aprender, a sentir, a cambiar, a amar, ni a vivir.
Encadenado a una actitud de miedo, uno se convierte en
esclavo... y pierde su libertad.
Solo eres libre si arriesgas.

Evite dejarse influenciar por los que tienen el análisis. Especialmente si observa que aquello de lo que hablan no tiene una traducción en su vida que pueda observar. Cuidado con los agoreros que le invitan a analizar hasta destruir los conjuntos. Dice una amiga que el análisis destruye los conjuntos, que algunas cosas, las cosas mágicas, han sido hechas para permanecer enteras. Y es verdad. Hay ideas e intuiciones, que, analizadas por partes, desaparecen. Existen al menos mil razones para que cualquier idea pueda no acabar bien.

Siempre hay alguien, aunque con frecuencia será usted mismo, que se lo recordará a través de un comentario o de un gesto. No hay mala intención en ello. Simplemente su forma de entender la realidad no tiene por qué coincidir con la de los demás. Así que cambie de discurso cuando escuche a otros o se escuche a sí mismo decir estas cosas. Y, en lo referente a los demás, no quiero decir que no les preste atención, porque todo el mundo tiene una verdad que decir, y, si en lugar de discutir o tratar de convencer, se dedica solo a estar atento a lo que dicen, comprobará que suele ser interesante. Pero escuchar y dejarse influenciar son dos cosas diferentes. Valore si desea dejarse influenciar. No siempre va a querer hacerlo.

Si quiere ir a por la gacela Thompson, simplemente vaya, sin hacer daño a nadie y disfrutando del camino, pero vaya. Analizar demasiado, más aun en plena carrera, solo resulta útil para los comentaristas. Y usted, si es emprendedor, no quiere ser comentarista.

Estoy a 30 minutos de allí; llego en diez... ¿o no?

Error 14. Prometer un tiempo de entrega demasiado ajustado

> Todo lleva más tiempo del que usted piensa.
> [Leyes de Murphy]

Seguro que ya le ha sucedido. Si no, le acabará por pasar. Se ha emocionado ante la ilusión de poder satisfacer a su cliente o ante el reto de elaborar un nuevo trabajo o proyecto y ha prometido un tiempo de entrega demasiado ajustado.

Por un momento usted se cree el Señor Lobo de la película *Pulp Fiction*. Ese que decía: *Estoy a treinta minutos de allí. Llegaré dentro de diez.* Piensa que lo puede resolver todo pero finalmente no es así. Al final le cuesta un esfuerzo mayor del que había calculado cumplir su compromiso. Esto es el día a día de los emprendedores.

Un cliente le solicita un producto o servicio, usted cree que ha entendido lo que le pide y lo que conlleva y se compromete a un tiempo de entrega demasiado ajustado: son los diez minutos del Señor Lobo. Al final, le resulta imposible alcanzar esa fecha de entrega, aparece cualquier imprevisto o el cliente quiere el encargo con alguna pequeña modificación. Total, que no puede entregar el día prometido el trabajo o le cuesta un gran esfuerzo y su reputación o la de su empresa queda en entredicho. Le suena, ¿verdad?

El cálculo que una persona hace de su tiempo siempre es optimista. Todavía no he conocido a nadie que el día antes de entregar un trabajo no acabe con prisas de vez en cuando. Y ahora, una revelación que quizá le sorprenda: esto no tiene que ser necesariamente así.

Hay una manera de evitarlo. Adopte la costumbre de negociar al alza las fechas de entrega y no acepte plazos ajustados salvo cuando sea estrictamente necesario. Sé que es difícil pero poco a poco se puede aprender a poner límites en las relaciones con los clientes. Si no trabaja dentro de un marco «yo gano-usted gana», antes o después la relación dejará de funcionar. Con un poco de práctica, verá cómo no es tan difícil calcular cuánto le lleva completar un trabajo ni tampoco negociar un plazo superior de entrega del mismo. Si posteriormente lo acaba antes de tiempo, siempre puede entregarlo antes.

Este error tan frecuente puede cometerse por dos motivos. El primero es que no sepa calcular lo que le llevará desarrollar determinados trabajos. Para ello le ayudará enormemente llevar un control de tiempos diario por clientes o por proyectos. Gracias a él estará en condiciones de estimar cuántas horas le llevará un proyecto concreto en base a lo que le costó ejecutar un trabajo similar en el pasado. Puede echar un vistazo al capítulo 39.

El otro motivo es que no haya desarrollado suficientemente su capacidad para decir que «no» y que comprometa trabajos aun sabiendo que le costará mucho esfuerzo completar. La asertividad es la capacidad de saber defender su posición frente a la de los demás cuando así lo decide. En ocasiones tendrá que ser asertivo frente a sus clientes. El hecho de que sean clientes no significa que lleven la razón siempre en todo, ni tampoco que tengamos que hacer siempre lo que nos piden. Puede ceder en sus límites de manera excepcional, pero decir que no a tiempo puede ser incluso una manera de reforzar la relación porque el cliente valorará de un modo distinto su trabajo. Si no cree que pueda desarrollar esta capacidad, acostúmbrese a no aceptar tratos sobre la marcha. Invéntese algo y llame o acuerde una cita más tarde, para, con las ideas más claras, llegar a un trato justo para ambas partes.

Lo que yo hago es calcular cuándo podría estar listo ese trabajo tomando como medida otros trabajos similares desarrollados en el pasado y, en función de los imprevistos que pienso que pueden aparecer, ofrezco una fecha ligeramente posterior. Esta es una práctica que descubrí hace relativamente poco tiempo, pero que ha aportado una notable calma y bienestar a mi vida y que además ha mejorado las relaciones con mis clientes. Aunque al principio siempre hay alguno que refunfuña [seguramente con razón] cuando le explico que un determinado trabajo no podrá estar antes de determinada fecha, al final, el conjunto de la relación mejora, porque se acerca a un modelo «yo gano-tú ganas» en el que las personas con las que trabajo saben que las fechas de entrega pactadas se cumplen, en el que yo y mis colaboradores trabajamos más relajadamente y en el que la calidad del producto entregado mejora porque el factor prisa se ve atenuado. Si el trabajo está listo antes, se entrega, y todos tan contentos.

Por cierto, evite a toda costa tener que entregar algo un lunes. Eso significa indefectiblemente que trabajará el fin de semana. Es una ley divina e inmutable. Si no le queda más remedio, anote en su agenda que el viernes es el día de entrega.

En definitiva, si, además de ganar dinero, quiere disfrutar de calidad de vida, cuidarse a sí mismo y cuidar la relación con sus clientes y con su entorno personal, es mejor que no acepte trabajos en los que le costará llegar a la fecha pactada. Al menos no sin antes negociar esa fecha. En cualquier caso, si de manera excepcional no le queda más remedio que hacerlo, cosa que es de lo más normal, si ha seguido esta práctica con el resto de los clientes, siempre dispondrá de mayor margen de maniobra.

¿Hace cuánto que no les escucha?

Error 15. No hablar con los clientes, proveedores, colaboradores…, por falta de tiempo normalmente

Los mercados son conversaciones.
Los mercados consisten en seres humanos,
no en sectores demográficos.

[*Manifiesto Cluetrain*]

«No tengo tiempo para nada, así que cómo voy a tenerlo para…» es una queja que se escucha sistemáticamente cuando dos o más emprendedores hablan. Es independiente del tema del que traten. Seguro que usted también vive en la permanente sensación de que le falta tiempo para todo. Si el día tuviera 48 horas, seguramente encontraría tareas que hacer.

Vivimos en una parte del mundo en la que la percepción de que todo es para antes de ayer la tenemos tan interiorizada que ya ni siquiera somos conscientes de ella. No le sugiero que luche contracorriente para intentar convencer a sus clientes de este hecho. Yo tampoco lo hago. Sin embargo sí que le sugiero que sea consciente al menos de que en muchas ocasiones esta prisa se trata más de una percepción o de un modo de funcionar que de una necesidad. La verdad, aunque nadie se lo haya dicho hasta ahora, y aunque este comentario le suene raro, es que la mayoría de los trabajos pueden esperar un poco.

Quizá no mucho pero sí un poquito. Si usted entiende esto y cambia su paradigma, además de vivir un poco más relajado, probablemente encuentre tiempo para una de las mayores inversiones personales y profesionales que pueda hacer en su vida, que es el objeto de este capítulo y que yo le recomiendo encarecidamente: hablar con sus clientes, proveedores, colaboradores...

Uno de los errores que más frecuentemente cometen los emprendedores es no hablar lo suficiente con las personas con las que trabajan. Por cierto, hablar con ellos no significa cotillear o criticar. Nada de eso. No entre en ese juego. Significa hablar constructivamente. Significa emplear cierto tiempo cada semana en intercambiar opiniones con sus clientes, a charlar sobre qué le ha parecido el último trabajo que ha hecho o en qué está ocupado ahora. Conocer cuáles son sus sueños, retos o problemas. ¿Hace cuánto que no les escucha?

Si hace esto, la relación que tendrá con sus clientes irá un poco más allá de lo estrictamente profesional y esto redundará en beneficio mutuo; al conocerse mejor, la relación será necesariamente más fructífera.

No le aconsejo que hable con sus relaciones laborales, sean del tipo que sean, solo cuando le piden un trabajo o para las cuestiones del día a día. Dependiendo de cuál sea su actividad, tendrá que adaptar esta práctica de una u otra manera. Pero seguro que encuentra el modo de hacerlo de la manera más apropiada. Usted es inteligente, así que empatice y busque el momento adecuado. Encontrarlo, por cierto, no es fácil.

Y en relación a este mismo tema, una recomendación que le hará mucho más feliz: haga esto también con sus relaciones no laborales. Personalmente dedico, siempre que me resulta posible, alrededor de media hora en mi jornada laboral a hablar o a escribir a las personas a las que quiero. Eso me hace sentir mucho mejor y estar el resto del día más contento. No siempre es factible, pero cuando lo es, lo hago: es mi manera de afilar el hacha antes de ponerme a cortar leña. Por cierto, esto es especialmente importante si trabaja solo.

Hay otro modo de empezar a poner en práctica esta manera de entender las relaciones. Además le servirá para crear nuevos contactos comerciales. Puede pedir a aquellos clientes que conoce, y de quienes sabe con seguridad que están satisfechos con usted, que le recomienden a alguna otra persona que piensen que pueda estar interesada en lo que usted ofrece. No se molestarán por ello; sentimos más satisfacción por los favores que hacemos que por los que recibimos. Para ello les tiene que pedir que llamen antes de que usted lo vaya a hacer para decir que se pondrá en contacto con esa persona así como el motivo. Después, e independientemente de lo que suceda, recuerde mantener informada de cómo ha ido la relación a la persona que les puso en contacto. Fomentará a la vez sus ventas, su red de contactos y la relación con sus clientes. Ofrézcase para hacer lo mismo si esto resulta oportuno.

Pero quizá la mejor forma de empezar con esta práctica de charlar con sus contactos laborales sea llamar a sus clientes, ex clientes, colaboradores, etc. para preguntarles si están satisfechos con el trabajo que desarrolla / han desarrollado juntos. Pregúnteles qué es lo que más les ha gustado y qué es lo que cambiarían o mejorarían. Prepárese bien para este ejercicio porque tiene que aceptar lo que le digan. Escúcheles en cualquier caso. No les interrumpa aunque no esté de acuerdo con ellos o digan alguna burrada. Y dé las gracias porque el *feedback* es una herramienta muy poderosa para usted si la sabe utilizar.

Después, si es necesario, puede explicarle su punto de vista, pero no entre en discusión con el punto de vista, de sus clientes. Ellos tienen el suyo y usted el suyo. No utilice este ejercicio para discutir con ellos porque ese no es el objetivo.

Después de hacer esto, y en función de lo que escuche, tome las medidas que considere oportunas. Felicidades: ha dado el primer paso para comunicarse con sus clientes.

Sshhhh ¡No le cuente sus sueños!

Error 16. Hablar de lo que no hay que hablar y escuchar lo que no hay que escuchar

Querer, saber, osar, callar.
[Los cuatro principios de los alquimistas]

Pero eso sí, y en esto soy irreductible, no les perdono
bajo ningún pretexto que no sepan volar,
si no saben volar pierden el tiempo conmigo.
[*Espantapájaros*, Oliveiro Girondo]

Un muchacho entra en una farmacia y le dice al farmacéutico:
—Deme un preservativo; esta noche ceno en casa de mi novia.

El boticario le despacha el preservativo y, antes de irse, el muchacho le dice:
—Será mejor que me dé usted dos porque la hermana de mi novia a veces me hace unas insinuaciones y ya que voy a cenar a su casa...

Coge el preservativo y le dice al farmacéutico:
—Mejor déme otro más porque la madre de mi novia está de muerte y cuando no está mi novia delante me hace

unas insinuaciones... y ya que voy a cenar a su casa esta noche...

Llega la hora de la cena, el muchacho tiene a un lado a su novia, al otro a la hermana y delante a la madre de estas. En ese instante llega el padre que se sienta al frente de la mesa.

El muchacho baja la cabeza y empieza a rezar.

—Señor, te damos las gracias por los alimentos, bendícenos a todos y perdónanos si en algo te hemos ofendido.

Pasa un minuto y el chico sigue rezando. A los diez minutos, el muchacho sigue rezando.

La novia le dice:

—No sabía que fueras tan religioso.

—Ni yo que tu padre era el farmacéutico.

Un nuevo diccionario para su vida

Escuche bien lo que le voy a decir, porque en la cultura en la que vivimos, donde el éxito personal disfruta de cierta mala prensa y donde hablar mal de uno mismo está no solo aceptado, sino que incluso se ve como signo de inteligencia, quizá no oiga esto muy a menudo: uno de los mayores errores que puede cometer como emprendedor, pero sobre todo como persona, es hablar mal de usted mismo. Es una gran metedura de pata que no se puede permitir.

Da igual que todo el mundo lo haga o que lo haya venido haciendo hasta el momento. Es un error.

La persona cuya opinión más valora es la de usted mismo. Quizá no lo sepa, pero es así. Por eso, no se puede permitir hablar mal de usted: eso acaba minando su auto-estima, su amor propio y su capacidad de desarrollar sus capacidades positivas. Además, cuando lo hace en presencia de los demás, esas personas, en este caso sus clientes, colaboradores, proveedores, etc. se quedarán con la impresión de lo que les dice.

Cuando digo hablar mal, me refiero a cosas tan sencillas como a decir: «es que soy tonto» o «no soy bueno haciendo esto» o «perdona, es que siempre me equivoco» o «ya lo he vuelto a hacer» o «lo intentaré»… ¿Le suenan? Pues son dinamita en estado puro.

Como *coach*, uno de las primeras cuestiones que normalmente trabajo con mis clientes es el entrenamiento sobre el lenguaje que emplean. Muchas veces con cambiar este tipo de pequeñas minas antipersonales ya se puede apreciar un avance sustancial en el objeto de trabajo de las sesiones de *coaching*.

Y a largo plazo el cambio es significativo. Es como cuando se navega y se modifica un grado la ruta. Se gira el timón y al principio no se aprecia nada, pero cuanto más tiempo transcurre desde el cambio de rumbo, más se puede apreciar el cambio en la trayectoria inicial del barco. Eliminar estas frases en contra de uno mismo es como cambiar un grado el rumbo de su vida: al principio puede que no lo note, pero, a largo plazo, acabará en un puerto completamente diferente.

Si no lo ha hecho aún, tiene que entrenarse en detectar este tipo de frases. Cuando cometa un error o se equivoque o simplemente perciba que ha dicho una de estas frases, tiene que inventarse una que sea correcta.

— Es que soy tonto […] cambiar a […]. Esta vez me he equivocado en esto […].

— No soy bueno haciendo esto […]. No me he entrenado para desarrollar esta habilidad […]

— Perdona, es que siempre me equivoco […] Perdona, me he equivocado en esto. Podemos resolverlo de esta manera […].

— Ya lo he vuelto a hacer […]. Voy a mejorar x para que esto no vuelva a suceder […].

— Lo intentaré […]. Lo haré, independientemente de que lo logre o no. O bien: No lo haré.

Cambie tan solo un grado su ruta y acabará en un puerto completamente diferente.

Y cuando le digo que no debe hablar mal de sí mismo, me refiero, por supuesto, a que no lo haga gratuitamente. Si comete un error, acéptelo, pero eso no es hablar mal de uno mismo. Eso es tener el coraje de aceptar lo que hace bien y lo que hace mal. A lo que me refiero es a que si se equivoca, simplemente admítalo, pida disculpas si es pertinente hacerlo y tome las medidas necesarias. Lo que no puede hacer tras cometer un error es lamentarse y decir que siempre hace lo mismo, que cómo se puede ser tan tonto u otras palabrerías que no llevan a ninguna parte. El error es inseparable de la condición humana. No se puede ser humano sin cometer errores. Cuanto antes desdramatice el error, tanta mayor calidad de vida ganará.

No hablar mal de uno mismo tampoco quiere decir que no se ría de sí mismo. Todo lo contrario: hágalo, pero hablando bien. Puede hacerlo sin necesidad de emitir sentencias destructivas.

Si no estaba entrenado en detectar este tipo de frases, en cuanto practique un poco se dará cuenta de la cantidad de palabras destructivas que dice al cabo del día, pero sobre todo de la cantidad de frases que pronuncian contra usted. La mayoría, por cierto, sin mala intención. Cuando alguien le dice que usted no puede hacer algo, o que ya ha vuelto a hacer no sé qué, o cuando le dicen que usted es muy de tal manera [aunque sea una cualidad positiva] le están lanzando frases limitadoras. No lo permita. Usted es un ser vivo en constante evolución y lo que haya hecho en el pasado no afecta, necesariamente, lo que vaya a hacer en el futuro.

No es necesario que sistemáticamente corrija a las personas que le digan estas cosas. No siempre va a ser posible ni adecuado. Al principio con que sea consciente ya habrá hecho una gran parte del camino. Ahora bien, en la medida de lo posible no consienta este tipo de abusos verbales porque minan su autoestima y su poder personal. Cada vez que alguien le dice lo que usted es o no es, lo que usted hace o no hace o cómo tiene costumbre de comportarse, active la alarma personal. Puede escucharlo sin necesidad de creerlo.

Sus sueños son para usted

No puede contarle sus sueños a cualquiera o se acabará quedando sin ellos. La experiencia demuestra que es mucho mejor no contar a casi nadie los sueños, incluidos por supuesto, los profesionales. Si los comparte con las personas inadecuadas, que para esta cuestión son, por cierto, la mayoría, desgastará su sueño inútilmente.

El hecho es que aunque no lo van a hacer con mala fe, muchas de las personas a las que les cuente su sueño, le demostrarán que es imposible lograrlo o que ya está hecho algo muy parecido o que realmente no merece la pena o que hay muchas personas que lo han intentado y no lo consiguieron. Es matemático: siempre hay alguien que le cuenta un aspecto negativo de su sueño, que se lo aleja o que le hace ver un aspecto que para usted es desmoralizador. No lo hacen con mala intención, pero lo hacen. No cuente sus sueños. La razón es sencilla: la mayoría de las personas de este mundo no entienden que, como dice mi abuela, puede más el que quiere que el que puede.

Por este motivo no puede contarlo. Es una simple cuestión de creencias fundamentales. Y hay millones de personas en el mundo que no creen que sea posible lograr lo que uno se propone en la vida y por eso mismo le desmontarán su sueño.

Lo cierto es que cuando usted desea algo con ganas de verdad, todo el mundo a su alrededor conspira para que lo consiga. Y de la nada aparecen personas con soluciones. Es solo una cuestión de ganas, de tiempo y de estar despierto. Pero la mayoría de las personas no comparten este pensamiento. Y como no lo comparten, su realidad es acorde a su pensamiento. Por eso solo debe compartir sus sueños con personas que sean posibilistas, es decir, que vean posibilidades hasta donde no las hay a priori. Hay muchas realidades que funcionan paralelamente y si usted tiene un sueño no puede escuchar a los que tienen mil motivos para explicarle por qué usted no podrá o qué es lo que pasará cuando lo logre.

Por esto mismo, tiendo a relacionarme más con personas que me explican y me dan ideas para lograr lo que quiero o que me hacen preguntas retadoras que me ayudan a comprender por qué será [o no] posible que logre eso.

La actitud no es tanto la de «eso es imposible» sino «cómo podemos empezar a trabajar para que eso sea posible». Ese cambio de enfoque marca la diferencia entre un resultado y otro.

Espero que entienda que con esto no le quiero decir que no escuche a nadie y se convierta en un autista social. Todo lo contrario. Pero sí que lo puede hacer sin tener que creer necesariamente lo que le digan. Podría adoptar un poco la actitud que seguramente tome con los telediarios: escuchar sabiendo que hay una pequeña parte de verdad allá en el fondo...

Aprender a escuchar solo lo que hay que escuchar

Como emprendedor, usted es su mayor activo. No puede estropearlo. Por ello, como emprendedores, no podemos permitirnos el lujo de mantener cierto tipo de conversaciones. Hay determinadas charlas de las que tenemos que huir como el diablo escapa del agua bendita.

Son todas esas conversaciones que, en vez de darnos ideas y energía, nos la quitan. Todo el mundo puede tener, y de hecho tenemos, malos días e incluso épocas, eso forma parte de la vida, y en esos días las cosas se ven de otra manera, pero mantener conversaciones con personas que siempre están en esa longitud de onda le puede estar perjudicando. Cuando dos personas interactúan es frecuente que la «realidad» de una de ellas se imponga sobre la de la otra. No permita nunca que le invadan su realidad.

Hay determinadas opiniones que simplemente no debe escuchar. Yo trato de evitarlas, pero cuando por el motivo que sea me veo envuelto y sin salida en una de estas conversaciones, lo que hago es que me digo a mí mismo que esa es la verdad de la persona que está hablando, y no la mía. Lo que, además, es cierto. De esa manera no me contamino. No soy mejor persona por dejarme invadir por puntos de vista que no coinciden con los míos.

¡Cámara, luces y acción!

Error 17. No atreverse a ser usted mismo

Uno de los fenómenos más fascinantes de la narrativa es su capacidad para desarrollar personajes fabulosos. Cuando un personaje está bien creado, pasa al imaginario colectivo. El Quijote, la Celestina, Sherlock Holmes, el Padrino, Superman, el Hombre Araña, James Bond… son solo algunos de los personajes bien creados que todos conocemos.

Imagínese que vive dentro de una película. Lo peor que le podría ocurrir es tener un personaje poco creíble; el público no le prestaría ninguna atención. Pues esto es lo que le pasa a muchos emprendedores: no han desarrollado un personaje creíble.

Encontrará mil libros que le explicarán con todo lujo de detalles cómo fabricarse un personaje creíble, cómo hablar en público y cómo hacer amigos y ganar influencia... Para mí todo eso no es más que humo.

Estoy muy de acuerdo con que hay que crearse un personaje creíble, pero no con que eso se pueda hacer sabiendo cómo hay que gesticular o aprendiendo a impostar el rictus perfecto. Creo más en el desarrollo de nuestro carácter que en el desarrollo de nuestra fachada.

Leía recientemente que en un artículo publicado por dos profesores de la Universidad de Carolina del Norte se afirmaba que *cada diez minutos extras de arreglo personal en un hombre, este aumenta su salario semanal en un 6%*. No tendría sentido discutir que la apariencia es importante. Sin embargo, los personajes creíbles y memorables se hacen fundamentalmente desde la autenticidad. Todos recordamos a personas de las que precisamente nos acordamos porque se comportaron de manera espontánea y auténtica. Afortunadamente, incluso en nuestra sociedad de la imagen, a largo plazo, lo que hacemos sigue siendo más determinante que nuestra apariencia.

Aún no se ha inventado nada que sea más poderoso que alguien que sencillamente es como es. Juzgue por su propia experiencia.

Había una campaña de publicidad cuyo eslogan era: *No hay mayor atrevimiento que ser tú mismo*. Estoy de acuerdo.

A usted se le tiene que reconocer por algo, tiene que desarrollar un propio estilo de hacer las cosas, de hablar y de moverse por el mundo. Es su marca personal, de la que hablaremos más adelante. De hecho, le recomendaría que desarrollara esto tanto si usted es emprendedor como si no lo es. Recuerde: no hay mayor atrevimiento que ser uno mismo. Atrévase a ser como es. Así, a secas. Las personas lo valorarán, independientemente de que sean sus clientes o sus vecinos.

¿Sabe por qué? Porque todos, sin excepción, estamos cansados de las risas perfectas, de los cielos eternamente azules, de los productos bajos en grasa, de «buenos días, soy Pérez, ¿en qué puedo ayudarle?», de la telegenia, de que las personas con las que interactuamos cada vez se parezcan más entre sí, de las frases que no dicen nada y de las chicas guapas, brillantes e indefinidamente semisonrientes.

Sin embargo, cuando tratamos con humanos, preferimos la naturalidad a este mundo de invención publicitaria. Atrévase a ser usted mismo. Aunque piense lo contrario, sus relaciones en el ámbito laboral mejorarán.

La enseñanza de la peluquería

Error 18. Presupuestar pillándose los dedos o dar un precio demasiado alto y quedarse sin el trabajo

> Solo los necios confunden valor y precio.
>
> [Antonio Machado]

Son dos errores que cometen con frecuencia todos los que trabajan por su cuenta. Especialmente el primero. Y solo tienen una explicación: miedo. Miedo a perder el trabajo o miedo a que su trabajo no se valore al pedir un precio demasiado bajo.

En este capítulo vamos a aprender a poner el precio adecuado a nuestro trabajo. Especialmente cuando se trata de trabajos profesionales.

Ha vuelto a pillarse los dedos poniendo precio...

Hay un principio que he oído a informáticos en alguna ocasión y que dice: «el primer 90 % del código da cuenta del 90 % del tiempo de desarrollo. El 10 % restante del código da cuenta del otro 90 % de tiempo restante en el desarrollo».

Es un juego de palabras; el hecho de que el total sume 180 % da cuenta de esta tendencia humana de prolongar el tiempo inicial previsto para desarrollar una actividad.

Lo más probable es que ya le haya pasado: algo que usted ofrece le lleva más trabajo del que en un principio había previsto y acaba por ser poco rentable. Lo más probable es que esto le genere además retrasos o al menos prisas en el resto de sus trabajos con otros clientes. Entonces, ¿por qué sigue presupuestando a la baja los proyectos o poniendo precios a la baja?

Afróntelo: por miedo. Por miedo a perder el trabajo. Por miedo a quedarse en un futuro sin trabajos o sin clientes. Por miedo a morir de inanición después de tres meses sin facturar. Por miedo a quedarse fuera de la partida.

La otra razón que puede estar influyendo en que siga presupuestando a la baja es que usted no se valore lo suficiente a sí mismo o al negocio que ha montado. Cuando se tiene la autoestima por los suelos es difícil pedir el precio adecuado por sus trabajos. Algo que le pasa a algunos emprendedores, especialmente cuando ofrecen trabajos profesionales, es que piensan que cualquier persona podría hacer su trabajo y no le ponen el precio adecuado. Gran error.

Se puede valorar el trabajo que uno hace y no por ello demandar cantidades astronómicas. Se trata simplemente de pedir lo que tiene que pedir en relación al valor que genera en su cliente. Se trata de ser consciente del valor añadido que uno aporta al producto o servicio que oferta. Y este es por lo general mayor del que uno piensa, especialmente durante los primeros años en los que uno desarrolla su labor como emprendedor, cuando la tendencia a infravalorarse es bastante común.

Se ha pasado de precio...

La otra cara de la misma moneda es que se ha pasado con el precio y no hace la venta. Si esto le sucede, le aconsejo que hable con el cliente y le pregunte directamente qué ha ocurrido. Una posibilidad es que alguien que esté reventando el mercado con precios ínfimos se le haya adelantado. No tiene mucho que hacer salvo esperar a que se equivoque o se demuestre que su trabajo no es de calidad. Otra posibilidad es que le digan que no pueden contratarlo debido al precio. En ese caso, no dé un nuevo precio. Pregunte cuánto estarían dispuestos a pagar por ese trabajo. Usted ya ha dado un precio, es el turno de su cliente. No cometa el error de dar un nuevo precio. Es a la otra persona a quien le toca mover ficha: quizá le pida un descuento en el precio menor de lo que usted piensa. Cuando le ofrezcan una cantidad, le corresponde a usted valorar si la acepta o no pero debe ser consciente de que, si acepta una rebaja demasiado alta, perderá credibilidad en este trabajo y en futuras negociaciones. Acepte rebajas pequeñas pero siempre pida algo a cambio. No permita que le bajen el precio sin que pierdan alguna contraprestación. Por simbólico o ínfimo que sea, ellos también deben perder algo.

A veces tendrá que explicar todo lo que incluye un precio para que su cliente lo comprenda.

Ponga el precio adecuado a su trabajo...

Cuando empecé a ofrecer trabajos profesionales, una de las partes más difíciles era, sin duda, la fijación de precios. Hoy, sin embargo, es de las que más me divierte. ¿Cuánto vale este trabajo? Esta pregunta me torturaba. Lógico: la pregunta estaba mal formulada, así que jamás podía llegar a buen resultado. Tarde algún tiempo en formular la pregunta correcta: ¿cuánto me cuesta un trabajo y cuál es el valor que le otorga mi cliente en ese momento determinado? Ésa es la pregunta que tiene respuesta. Y cuando lo descubrí, desarrollé una metodología para presupuestar. Yo la llamo el método **CCC** o método de los tres cálculos.

Esta metodología resulta igualmente útil tanto si usted trabaja como *freelance* como si está al frente de un proyecto empresarial que involucra a más personas.

Calcular costes.
Calcular valor percibido.
Calcular otras variables.

¡Idea!

En el caso de que usted desarrolle una actividad *freelance*, la fijación de precios de los trabajos es bastante sencilla, aunque primero tendrá que tomar una serie de decisiones. La primera es decidir cuánto quiere ganar al año. Después cuánto quiere trabajar al año.

Si divide los euros que quiere ganar al año entre las horas que quiere trabajar, el resultado es aproximadamente lo que tiene que pedir por hora. Recuerde que tendrá que calcular el coste por hora en un porcentaje superior debido a que en cualquier trabajo siempre hay un número de horas que no son productivas. Son las horas que dedica a preparar trabajos o proyectos que nunca llegan a salir, a hablar con posibles clientes que nunca llegan a serlo o a pelearse con la telefonista del ADSL. En función de su actividad, el número de horas dedicadas a estas actividades «reproductivas» será mayor o menor. Haga un cálculo aproximado y sabrá lo que tendrá que sumar a cada hora efectivamente trabajada [y lo que quiero decir aquí es cobrada]. Este cálculo es imprescindible si quiere dominar el arte de poner el precio correcto a sus trabajos

Calcular costes. Lo primero, imprescindible, es calcular cuánto le cuesta a usted o a su organización en términos económicos y temporales la realización de ese trabajo. Sin este cálculo, no puede presupuestar. De esta manera, podrá multiplicar el número de horas que estima que le llevará a usted o a su empresa ofrecer ese trabajo, producto o servicio, por su tarifa por hora y sumarle a esto los demás costes económicos. Ahora ya sabe la cantidad mínima que tiene que presupuestar. Por debajo de ese precio no le resulta rentable.

Calcular valor percibido. La siguiente operación consiste en saber qué valor le otorga su cliente a ese trabajo y por tanto cuánto esta dispuesto a pagar por él. Gracias a esto, estará en condiciones de aumentar o disminuir los precios. Y métase una cosa en la cabeza cuanto antes, si es que aún no la tiene clara: los clientes no pagan por lo que a usted le ha costado producir un bien, pagan por el beneficio que obtienen de ese bien o servicio. O mejor dicho, por el beneficio percibido. A su cliente le da exactamente igual lo que a usted le cuesta producir ese producto o servicio.

Después piense si puede subir algunos precios en función del valor percibido que le otorgan sus clientes a los servicios que les presta o si está haciendo algunos trabajos cuya producción es cara pero cuyo valor percibido es escaso.

Quizá con una pequeña modificación en el valor percibido, pueda pedir mucho más por algún producto o servicio y que a usted no le suponga apenas incremento en el coste de producción. O quizá, y esto sucede muy a menudo, lo que usted ofrece ya tiene valores ocultos, es decir valores que su producto tiene, pero que no está explotando. Me viene a la cabeza una anécdota que cuenta Rafi Mohammed en su libro *El arte del precio*. Su peluquero cobraba por igual a las personas que llamaban para pedirle cita que a las personas que aparecían en la peluquería sin cita previa. Como en nuestra sociedad el tiempo está altamente valorado, el autor cuenta cómo sugirió a su peluquero incrementar de cinco a diez dólares el precio por el corte de pelo a aquellas personas que pidieran hora por teléfono y que, por tanto, no tuvieran que esperar para ser atendidos. Es un ejemplo muy claro que muestra cómo seguramente usted ya tenga beneficios ocultos que le puedan incrementar sus ganancias si los descubre y los explota.

El valor percibido resulta difícil de cuantificar: cuenta la anécdota que, estando Picasso en un restaurante, se le acercó una mujer y le pidió un dibujo para su hija, que era admiradora del pintor. Picasso garabateó un dibujo en apenas unos segundos y, entregándoselo a la mujer, le pidió por este una gran cantidad de dinero. La mujer entonces le respondió ¿Cómo puede pedirme semejante suma si apenas ha tardado unos segundos en hacerlo? Picasso respondió: efectivamente he tardado unos segundos en hacerlo, pero llevo toda la vida aprendiendo para poder hacerlo. Usted puede ser el Picasso de su profesión, pero si su cliente no valora su trabajo, no le pagará lo que usted le pide. Esta es la buena y la mala noticia de la percepción del valor añadido.

Una buena idea es escuchar atentamente a sus clientes cuando hablen para saber a qué partes de su trabajo le otorgan más valor. Son a estas partes a las que debe dedicar más atención. Le sorprenderá saber que no siempre son las que le generan más gasto a usted.

Calcular otras variables. Es conveniente, antes de dar un precio definitivo, saber qué precio le da a productos similares su competencia. Si no lo sabe, puede averiguar cuánto pide la competencia para hacerse una idea. Por último, recuerde que quizá quiera aceptar algún encargo que no le sea rentable económicamente pero que sí lo sea en algún otro aspecto. Determinados trabajos yo no los valoro como acciones laborales sino comerciales: es decir, una inversión para generar futuras relaciones.

Valore también la capacidad económica del cliente. Aunque yo recomiendo no aumentar los precios por el mero hecho de que este disponga de mayor poder adquisitivo. En ese caso, lo que sí recomiendo es que se preocupe por buscar algún aspecto en lo que usted vende que, modificándolo ligeramente, le permita pedir más por su producto. En definitiva, es con esos clientes con quienes más debe poner a trabajar su creatividad para encontrar los beneficios ocultos.

Y, por último, piense en los imprevistos. Dependiendo de a lo que se dedique serán más o menos frecuentes, pero eventualmente siempre aparecen. Siempre. Cuente con ello de antemano e inclúyalos en el presupuesto. En todos los trabajos aparecen imprevistos. Es una ley eterna e inmutable. Todos los emprendedores del mundo lo saben. Ahora bien, si luego estos imprevistos no aparecen, siempre puede, si así lo desea, ofrecer otro valor añadido al finalizar el trabajo para compensar el aumento de precio generado por la provisión para los imprevistos. Sus clientes, claro, no tienen por qué conocer el motivo.

¡Idea!

Si tiene que dar un precio aproximado de palabra, dé siempre un precio ligeramente superior al que usted calcula que va a ser. De esta manera, cuando haya calculado el precio real, ligeramente por debajo de la primera aproximación, a su cliente le parecerá, comparativamente, económico.

En el caso de que desee profundizar un poco más en las habilidades necesarias para Vivir sin jefe con éxito, le invito a que asista al Seminario intensivo Vivir sin jefe, donde a través de una serie de experimentadas técnicas de alto rendimiento conseguirá mejorar las actitudes y aptitudes que le permitirán llevar su vida y/o negocio al siguiente nivel.

Obligar a los zurdos
a escribir con la derecha

Error 19. Pensar que solo hay una manera de hacer las cosas

. Le dice un pasajero a una azafata, después de una discusión, que le está resultando una persona muy desagradable. La azafata le contesta: sin embargo, usted a mí me parece una persona encantadora, pero podemos estar los dos equivocados.

Cada punto de vista es solo uno de los posibles.

[Anónimo]

Si usted es emprendedor probablemente adolezca de este mal, ya sea acusada o moderadamente. Y si lo padece, seguramente pensará a menudo que no hay nadie que haga las cosas como usted.

El mal consiste en pensar que solo hay una manera de hacer las cosas. Y, por lo general, entraña cierta gravedad para el desarrollo de las actividades diarias del emprendedor. Si sufre de él es probable que también se queje a menudo de que no puede confiar en nadie y de que tiene que estar pendiente de todo. En definitiva, usted intenta enseñar a los zurdos a escribir con la mano derecha.

¡Señor Da Vinci, escriba con la mano derecha, que es como hay que escribir!

Usted tiene la habilidad para hacer las cosas o para lograr determinados resultados, pero cuando una tercera persona participa, los resultados no son siempre los esperados.

Los emprendedores, y de manera acusada los *freelances*, tienden a ser excesivamente meticulosos con su actividad.

En términos generales, los emprendedores son personas perfeccionistas a las que les encanta obtener resultados de alta calidad y de los que se puedan sentir orgullosas. No es solo para satisfacer al cliente, que también, sino más bien para sentir la satisfacción de ver un trabajo bien hecho.

Sin embargo, esta cualidad puede acabar convirtiéndose en un obstáculo. Salvo que delegue algunas tareas, acabará volviéndose loco porque le resultará sencillamente imposible hacerlo todo usted mismo. Es posible que sufra la incapacidad de comprender que algunas cosas, aunque no estén hechas como usted las haría, siguen estando bien hechas. Quizá no perfectas, quizá no de la mejor manera, pero siguen estando bien hechas. Y comprenderlo le hará la vida mucho más fácil.

Primero porque tendrá un nuevo criterio a la hora de valorar y/o dar por buenos determinados trabajos que le faciliten sus colaboradores, proveedores o trabajadores. Ya sean eventuales o fijos. Es posible que algo no tenga el acabado único que usted le daría pero quizá sirve. Es posible que no haya que dedicarle más energía a ese proyecto. Muchos emprendedores dedican demasiado tiempo a discutir con sus colaboradores acerca de si un trabajo está bien acabado o no o sobre si el enfoque es el correcto o no. Todo esto podría evitarse si juzga los trabajos de sus proveedores o colaboradores bajo el punto de vista de si están bien o no. Observará que a veces puede obviar el detalle para ganar sobre el global. Comprender y sobre todo integrar la siguiente frase que a mí me cambió la vida: *lo mejor es enemigo de lo bueno.*

Cuando comprenda que algunas cosas a pesar de que

no estén hechas como usted las haría, siguen estando bien hechas, se evitará la fatigosa tarea de tener que hacerlo todo usted mismo. Delegue todo lo que pueda. Si usted deja de estar preocupado porque todo esté hecho como usted lo haría cuando otras personas participan en un trabajo, le resultará mucho más fácil delegar determinadas partes no solo de su trabajo sino también de su vida personal. Si desea progresar en lo profesional, debe delegar. Y cuando digo «progresar», me refiero a progresar sea cual sea el sentido en que haya decidido que quiere progresar. Tanto si ha decidido que desea vender más, como si lo que desea es entregar sus proyectos mejor terminados o si desea reciclarse en algún campo de su actividad o disponer de más tiempo libre. En cualquiera de estos casos, va a necesitar tiempo y, ante una carga de trabajo determinada, lo único que puede hacer para ganar tiempo, una vez optimizados sus procesos de trabajo, es delegar.

Si usted delega, digamos, las labores relacionadas con su casa, ganará unas cuantas horas a la semana. He oído con cierta frecuencia a personas decir que no se lo pueden permitir. Pero eso normalmente no es cierto. En cuando usted gane un euro más a la hora que la persona que le hace sus labores del hogar, debe contratar a esa persona. Por la sencilla razón de que el tiempo que usted está empleando en hacer esas labores, lo podrá dedicar entonces a desarrollar tareas estratégicas y, por tanto, su negocio crecerá. Pero es que incluso si decide no dedicar ese tiempo a trabajar más, aun en ese caso, habrá ganado en calidad de vida al contar con cierto número de horas más a la semana para dedicarse a lo que desee.

Una vez que empiece a delegar, comprobará que cada vez querrá hacerlo más y que cada vez se le ocurrirán más tareas que podía delegar. Y entonces comprenderá que llevaba razón cuando decía que nadie hace las cosas como usted. Comprenderá también que frecuentemente eso no significa que estén mal hechas, sino, simplemente, hechas de otra forma. Pero lo que es más importante, comprenderá que hacerlo todo usted le estaba lastrando y restando calidad de vida y profesionalidad.

Un aparcamiento como su modelo de negocio

Error 20. Aceptar todos los trabajos

Cuando elegimos, seleccionamos una opción
y rechazamos muchas. Así que, de hecho, cuando elegimos,
lo que más hacemos es rechazar.

[Sergio Fernández]

¿Conoce la historia del caballo de Troya? Con el fin de conquistar Troya, y tras haberlo intentado en vano, Odiseo abandonó frente a la ciudad sitiada un caballo de madera, en cuyo interior escondió a un grupo de guerreros griegos. El caballo fue acogido por los troyanos como un trofeo. Sin embargo, fue el fin de la ciudad, ya que de noche los soldados griegos salieron de su interior y conquistaron la ciudad. Lo que parecía un trofeo acabó por ser su derrota. Hay trabajos que son verdaderos caramelos envenenados.

Aceptar cualquier trabajo que le encargan o cualquier cliente es otro de los errores que más frecuentemente le sucede a todos los emprendedores de cualquier esquina del planeta. Es como si un miedo ancestral o una tara genética les impidiera pronunciar la palabra «no». Si acepta todos los encargos que le solicitan, probablemente acabará aceptando alguno con trampa. Son los «trabajos caballo de Troya», que esconden en su interior una trampa y por lo general menos beneficio del que aparentan.

Es usted siempre quien decide si acepta un trabajo, no el cliente que se lo solicita.

Entiendo que a veces uno no puede simplemente decir que no y ya está, pero, si por el motivo que sea, tiene que aceptar ese trabajo, la decisión sigue residiendo en usted de todas maneras: siempre puede subcontratarlo.

Lo importante es que entienda la idea de que hay trabajos que, como el caballo de Troya, tienen buena pinta, pero que aun así no le interesan. Bien porque se salen un poco de lo que hace normalmente, bien porque son un caramelo envenenado o bien porque simplemente no le apetece hacerlos y punto. Un emprendedor puede aceptar encargos o clientes porque le sean rentables económicamente, porque le supongan un reto personal o sencillamente porque le apetezca. Usted tiene que ser consciente en todo momento de los motivos que le impulsan a aceptar cada encargo, pero no puede simplemente aceptarlo sin más.

Su modelo de negocio no es como el de un aparcamiento al que le interesan todos los coches, sean de la marca que sean. Usted tiene que seleccionar un poco.

Puede haber motivos que vayan más allá de los económicos y que le puedan animar a aceptar determinados encargos, trabajos o clientes. Yo aún sigo aceptando determinados trabajos que sé que no van a ser rentables desde

Su modelo de negocio no puede ser igual al de un aparcamiento.

un punto de vista económico pero lo hago por otras razones: me parecen divertidos, retadores o tienen una finalidad social o altruista, por ejemplo. La cuestión es que cuando acepto trabajos sabiendo que no serán rentables desde el punto de vista económico o que lo serán por debajo del promedio de mis trabajos, lo hago con todas las consecuencias y entonces no me genera problemas cuando tardo demasiado en concluirlos.

Hay tres maneras de evitar hacer los encargos que uno no desea realizar. La primera es elevando el precio. La segunda es subcontratándolo. Existe una tercera: simplemente diga que no. En este caso quizá quiera tratar de ayudar al potencial cliente a encontrar a otra empresa o persona que le pueda solventar el asunto.

Usted puede elevar el precio hasta una cantidad que considere justa. Aunque es posible que se quede sin el trabajo, se asombrará de ver la cantidad de veces que aun así le aceptan el precio. Y con el nuevo precio, ese trabajo empieza ahora a ser algo más interesante.

También puede subcontratar con otra persona. Esto, dependiendo de la actividad que desarrolle, puede entrañar cierto riesgo: si el trabajo no cumple sus estándares de calidad, su reputación con el cliente puede verse afectada. El otro peligro reside en el hecho de que el responsable de un trabajo es el profesional que lo factura. De modo que si la persona con la que subcontrata comete un error, pero la factura la ha emitido usted o su empresa, la responsabilidad legal de ese trabajo recae completamente en usted. Luego podrá, a su vez, pedir responsabilidades a esa persona. Es importante que entienda cómo funciona desde el punto de vista jurídico para que guarde siempre la máxima cautela. Aunque subcontrate, el responsable jurídico de ese trabajo, en el caso de que aparezca algún problema, es, con todas las consecuencias, el que emite la factura, es decir, usted o su forma jurídica. Y atención porque cuando digo usted, en el caso de que lo haga como *freelance*, me refiero también a todos sus bienes y propiedades, presentes y futuras.

Lo que el hijo de Vito Corleone hizo mal

Error 21. Aceptar negociaciones sobre la marcha

Moisés está en su negocio contando satisfecho el dinero que ha ganado ese día, cuando su amigo Abraham entra y le dice:

—Necesito que me prestes ahora mismo cinco mil euros en billetes.

—¡Pero cómo! Cinco mil... eso es mucho.

—No te preocupes. Te los devolveré en diez minutos. Y además te daré una comisión del cinco por ciento. ¡Ganarás sin arriesgar nada doscientos cincuenta euros en diez minutos!

—Bueno... si es así te los presto.

Moisés le entrega a Abraham los cinco mil euros. Su amigo se los mete en el bolsillo, luego le pide permiso para utilizar el teléfono. En un rincón apartado del negocio habla durante diez minutos y luego, con una gran sonrisa, le entrega los cinco mil euros a Moisés, más doscientos cincuenta.

—No comprendo nada. Explícame por favor de qué se trata.

—Muy fácil Moisés: tenía que discutir un importante contrato y, para lograr mis exigencias, con los bolsillos vacíos me sentía débil. Cuando los llené tuve la autoridad que necesitaba para imponer mis condiciones.

[*Cabaret místico*, de Alejandro Jodorowsky]

Está a punto de cerrar un trato, y en el último momento acepta una modificación que en un principio no tenía pensada. Luego, cuando llega a casa, se arrepiente. No aceptar negociaciones sobre la marcha es una regla que debe tener interiorizada para que cuando le pase, sea capaz de acordarse a tiempo.

En la primera parte del clásico del cine *El Padrino*, Vito Corleone está escuchando la oferta que le hacen otras familias a la suya para que entre en el negocio de la droga. Vito rechaza esa opción que le ofrece el jefe de esta otra familia. Cuando este, con la intención de persuadir a Vito, afirma que su inversión estaría garantizada, el hijo de Vito interviene repentinamente para afirmar que *si la inversión está garantizada, eso es otra cosa*. El Padrino lo corta en seco con la mirada y, dirigiéndose al jefe de la otra familia, le explica que tiene ciertas debilidades con sus hijos: *hablan cuando deben escuchar*. Cierra inmediatamente la conversación y se despiden.

Después, el Padrino abronca a su hijo: *ante extraños no vuelvas a decir lo que estás pensando*.

Es una norma de carácter básico. Fíjese que cuando trabaja con empresas, no es extraño que la persona con la que habla le diga que no puede aceptar un cambio porque el jefe no lo aceptaría o bien que tiene que consultarlo con un superior antes de poder comprometerse. A partir de ahora usted también tiene que consultarlo. Aunque trabaje solo, eso da lo mismo. A lo mejor es con su gato con quien tiene que discutirlo. Pero eso, su interlocutor no tiene por qué saberlo. A usted le proponen un cambio sobre la marcha. Perfecto. Usted necesita cierto tiempo para dar una respuesta. A veces van a ser solo unos minutos mientras hace una llamada telefónica. A veces lo va a discutir con la almohada. Pero trate de no aceptar en el momento cambios esenciales sobre el precio o las condiciones.

Esto no significa que pare cualquier negociación siempre y sistemáticamente en cuanto surja cualquier punto que haya que negociar, pero acuérdese de ello para cuando le haga falta.

El momento en el que usted acepta una modificación sobre las condiciones es también el momento para pedir alguna contraprestación. Ese es el momento en el que usted tiene fuerza. Negocie siempre desde el enfoque *yo gano, tú ganas*. Esa es la única forma de que, a la larga, los negocios funcionen. Cualquier otro modelo, no funciona. Poco importa que sea usted el que pierde o que sea la otra parte. Si una de las dos pierde, entonces no hay negocio. En esos casos, hay algo muy parecido pero no lo es. Huya de aceptar negociaciones sobre la marcha para evitar situaciones que no son *yo gano, tú ganas*.

Una vela para desarrollar esta habilidad

Error 22. Estar en dos cosas a la vez

No está en ninguna parte quien está en todas.

[Dicho popular]

Está manteniendo una conversación telefónica y de repente le llega un correo electrónico. En lugar de esperar a haber terminado la llamada para leer el *e-mail*, lo abre y le echa un vistazo. Lo ojea por encima porque no puede estar concentrado al cien por cien mientras conversa con la otra persona. Al final, ni se ha enterado del todo de lo que decía el *e-mail* ni le ha prestado a su interlocutor la atención que se merecía. Quizá se sienta muy bien haciendo como los brokers de bolsa de las películas, pero lo cierto es que esto no le beneficia. Póngase en el lugar de la otra persona. A lo mejor le ha llamado para contarle algo importante y usted no está completamente en la conversación porque tiene su atención en otra actividad.

En muchas culturas asiáticas, una de las maneras que tienen los maestros para transmitir el arte de la meditación a sus discípulos es mediante la práctica de la atención continuada a una sola cosa. Puede ser, por ejemplo, a la llama de una vela. Pero fíjese, lo que se solicita al discípulo es prestar la máxima atención a una sola cosa, a una sola cada vez. Yo creo que debe de ser por algo. Es una práctica cada día más común, hacer varias cosas a la vez. De hecho puede que ni lo considere un problema. Pero lo es. Lo es porque su concentración desciende y porque comete errores con mayor frecuencia. Lo es porque si está hablando con una persona y está haciendo otra cosa, se va a perder parte de la conversación. Y en lo que se refiere a hacer varias cosas a la vez, uno de los errores más frecuentes es precisamente hacer otra actividad mientras hablamos con alguien.

Las relaciones entre seres humanos no se basan solo en el intercambio de información. De hecho el intercambio informativo es solo una pequeña parte de estas relaciones. Por tanto, si cuando está hablando con alguien y hace otra cosa, piensa que se está enterando de todo, es el momento para que reflexione al respecto. ¿Está apreciando todos los matices de la voz? ¿Está prestando atención al tipo de palabras que emplea esa persona? ¿Se está enterando de si le está queriendo decir algo que en realidad no le está diciendo con las palabras? La comunicación entre seres humanos es tremendamente compleja. Si mientras charla no pone toda su atención en ello, se perderá muchos matices de la comunicación.

Comunicarse bien es una de las habilidades sin cuyo dominio ser emprendedor se convierte en algo realmente duro. Y hacerlo bien, en contra de la creencia general de muchas personas, no es algo innato. De hecho se puede aprender, entrenar y mejorar. Por ello, tiene que esforzarse en cultivar sus aptitudes comunicativas básicas tales como redactar, escuchar activamente, empatizar, comprender y hacerse comprender.

Desgraciadamente, la mayoría de la gente no entrena estas habilidades. Afortunadamente, si usted lo hace, eso le permitirá jugar en mejores condiciones.

Una de las principales fuentes de conflicto entre personas que trabajan juntas tiene su origen en un compañero que, además de estar haciendo «lo suyo», está atento a «lo del otro». Cuando tenga un trabajo que hacer, concéntrese en su parte y deje a los demás que se responsabilicen de la suya. Esto me recuerda un cuento que escuché en el programa de radio *La voz de la noche*:

Érase una vez un acróbata que tenía como ayudante y aprendiz a una niña. La pareja iba de pueblo en pueblo haciendo un número circense para ganarse la vida. El espectáculo consistía en que el hombre se colocaba una larga pértiga sobre los hombros, la niña trepaba al extremo superior de la misma y allí realizaba sus acrobacias. Cierto día, el acróbata le dijo a la niña:

—Amiguita, para evitar tener un accidente durante nuestro número, mientras lo realizamos, tú tienes que estar muy atenta a mí y yo muy atento a ti.

Pero la niña protestó:

—Oh, no, maestro, así no funcionaría. Para que realmente no tengamos un accidente mientras hacemos el número, tú debes estar muy atento a ti y yo muy atenta a mí.

Por otra parte, cuando me refiero a hacer varias cosas a la vez, también me refiero a estar haciendo una tarea, interrumpirla, hacer otra y proseguir posteriormente con esta. La agrupación de tareas aumenta la efectividad de su trabajo, pero también su calidad de vida, ya que el estrés disminuye cuando hacemos solo una cosa cada vez. Si tiene que contestar correos electrónicos, es mucho mejor juntar varios y responderlos todos a la vez. Si tiene que hacer llamadas, resulta más adecuado hacerlas todas a la vez.

Y esta regla funciona siempre así, independientemente de cuál sea su actividad.

De hecho, esta idea de hacer una sola cosa cada vez, con todo lo sencilla que parece, ha revolucionado el mundo tal y como lo entendemos hoy en día. Cuando Henry Ford empezó a fabricar coches en su cadena de montaje e instaló la producción en masa de su modelo Ford T lo que hizo fue simplemente adjudicar a cada trabajador una tarea concreta dentro de la cadena. Esta agrupación de tareas le permitió obtener la máxima productividad de su fábrica y le convirtió en un referente del mundo actual.

El efecto «cacao maravillao»

Error 23. No publicitarse correctamente

Sé que la mitad del dinero que invierto en publicidad
se desperdicia. El problema es que no sé qué mitad es.

[John Wannamaker]

En *13,99 €*, merecido best-seller sobre el mundo de la publicidad, se dice: [...] *la publicidad ocupará todo el espacio que quede libre. Se ha convertido en el único ideal. No es la naturaleza, es la esperanza la que siente el horror por el vacío.*

Me imagino que no le descubro nada nuevo si le digo que vivimos en el siglo de la imagen y que cada vez más todos los espacios sociales están siendo conquistados por la publicidad. Vivimos en la era de la comunicación, en el tiempo del marketing. Los historiadores del futuro definirán nuestra época por el desarrollo y el uso de las comunicaciones y de la publicidad. Los objetos y los hechos están siendo sustituidos por su representación, la publicidad es cada vez más omnipresente y adopta formas nuevas cada día. Quien quiere vender, y usted como emprendedor quiere, tiene que hacer uso de unas herramientas mínimas de marketing.

¿Se acuerda del Cacao Maravillao? Cuando las televisiones privadas entraron en España a finales de los años ochenta, provocaron un importante cambio social. Seguro que recuerda unas chicas que cantaban con tenacidad inusitada una canción que hacía referencia a un producto llamado Cacao Maravillao. Este producto nunca estuvo a la venta aunque su fama fue tan grande que la gente lo pedía en las tiendas. Aún recuerdo al propietario de los ultramarinos de mi barrio quejándose, asombrado, de que sus clientes le pidieran Cacao Maravillao.

La publicidad tiene una gran fuerza para lanzar productos al estrellato en nuestra sociedad mediatizada. No le digo que invierta millones de euros en una campaña de publicidad televisiva; sería probablemente absurdo. Pero sí que sea consciente de que destinar parte de sus recursos a dotarse de unas herramientas mínimas de promoción le puede resultar de interés.

Uno de los errores habituales y más comunes que cometen algunos emprendedores es que no se publicitan correctamente. Es cierto que la economía, a pequeña y mediana escala, se mueve fundamentalmente a base de contactos. Aun así, esto no es excusa para que no haga uso de las herramientas que la comunicación, la publicidad y el marketing ponen a su disposición. Además de cultivar su red de contactos, le resultará de gran ayuda hacer uso de los elementos mínimos de publicidad y, sobre todo, hacer un uso adecuado de ellos. ¿Se ha formulado las siguientes preguntas?

¿Qué información va a poner en sus tarjetas de visita? Piense detenidamente qué va a poner en su tarjeta. Me refiero a las dos o tres palabras que le van a definir. Son como las palabras clave por las que quiere que le encuentren las personas cuando hagan una búsqueda en su cerebro para encontrar un profesional sobre un área determinado. Encuentre la ocasión adecuada para dejar su tarjeta y pídale a todas las personas que trabajen junto a usted que lo hagan. Si se entrena en esto, comprobará que hay muchas más ocasiones de las que antes detectaba. Por cierto, las tarjetas de visita tienen dos caras, úselas.

¿Necesita sitio Web? Si ese es el caso, asegúrese de que contrata a alguien que le puede asesorar correctamente sobre la creación del mismo. Por favor, y sobre todo, no sea mediocre. Hay algunos sitios Web de pymes y *freelances* que dan más ganas de darle limosna al propietario que de contratarle. Es mejor no tener nada que tener un sitio que le proporcione una mala imagen.

¿Necesita estar presente en la Web? Si la respuesta es sí, empiece por hacer lo que se denomina *ego-surfing*. Es decir, buscarse a sí mismo en Internet para ver dónde sale referenciado y qué dicen de usted. Si quiere que cuando alguien teclee su nombre, su empresa o su profesión o lo que sea, salga usted o su sitio Web, y ahora mismo eso no ocurre, no se preocupe: hay maneras de hacer que eso suceda. Lo que tiene que hacer es estar presente en la Web: escriba en blogs, responda en listas de distribución de su área profesional, esté activo y eso le permitirá salir referenciado. Hay mucha literatura publicada al respecto que no le costará encontrar y que le ayudará a optimizar su presencia en la Web. Póngase al día hoy mismo sobre los conceptos *search engine optimization* y *search engine marketing* porque el futuro va por aquí.

¿Necesita logotipo? Si es así, póngase en contacto con la persona o la empresa adecuada para que le asesore correctamente. En este aspecto debe ser inflexible: no acepte un logotipo que no le apasione. Lo va a ver todos los días durante mucho tiempo, así que debe ser uno realmente bueno. Enséñelo a otras personas y, más que escucharles, míreles la cara cuando lo haga. Busque el mejor logotipo y, cuando lo haya encontrado, úselo todo el tiempo.

¿Qué impresión ofrece su material promocional? Si dispone de un *book* o un catálogo o algo así, no escatime en recursos. No se trata de un gasto sino de una inversión. Aunque a nivel contable la publicidad siga siendo un gasto, no es así. Se trata de invertir algo de dinero en el medio a través del cual usted va a ser conocido y contratado en un futuro. Como principio general recomiendo no invertir salvo en cuestiones que vayan a tener un retorno claro o que se conviertan en un valor añadido para sus clientes de manera clara. En cuestiones relacionadas con los materiales promocionales no escatime. Tampoco se trata de tirar el dinero, porque en ocasiones no va a ser necesario. Se trata de encontrar la mejor manera de publicitarse. Recuerde que nunca tendrá una segunda oportunidad de causar una primera buena impresión.

En el caso de que utilice una marca diferente a la de su nombre personal, ¿la tiene registrada? La Oficina Española de Patentes y Marcas es el organismo responsable de registrar a su nombre su marca comercial. Si emplea un nombre comercial, una marca, un logotipo o cualquier otro emblema, símbolo, logotipo o nombre comercial, debe registrarlos lo antes posible. El trámite no es muy difícil y ni tan siquiera resulta caro. Pero sobre todo es necesario. ¿Qué ocurrirá si después de llevar trabajando un mes o un año o varios años con un nombre comercial tiene que cambiarlo por haber evitado un trámite tan sencillo como su registro? Pues pasará que habrá tirado horas de trabajo y creación de marca a la basura. Simplemente no merece la pena correr el riesgo. Regístrelo o póngase en contacto con un profesional que le gestione el proceso.

¿Usa siempre su logotipo, marca o nombre comercial? Una idea valiosísima. Cualquier objeto, documento, correo electrónico, etc., que utilice debe llevar su logotipo y ser claramente reconocible. Debe incluir su logo, su marca o, sencillamente, su nombre en todas las cartas, documentos, etc. que tengan que ver con su actividad laboral. Estará generando marca, recuerdo y la correcta impresión de ser una estructura económica. El logotipo hasta en la sopa.

Por cierto, una buena publicidad no es garantía de nada; es solo el principio, pero si se pierde el principio posiblemente se pierda también el fin.

¿Una alita de pollo?

Error 24. No lanzar mil anzuelos

El 80 % del éxito consiste en estar allí.

[Woody Allen]

«Dar cera, pulir cera, dar cera, pulir cera…». Esta mítica frase pasó a la memoria de todos gracias a la película *Kárate kid*. En ella un joven aspirante a karateca aprende la lección gracias a las orientaciones que le da un maestro en esta disciplina, portero de su casa. La película gira alrededor del aprendizaje del muchacho. La primera de las tareas que le encarga el maestro es encerar varios coches: «Dar cera, pulir cera, dar cera, pulir cera».

¿Qué le enseña el maestro cuando lo pone a encerar? Sencillamente, la perseverancia. El aprendiz no entiende absolutamente nada al principio, pero mediante el encerado está aprendiendo la constancia. Esta aprendiendo que la repetición es la base del crecimiento. Por eso lo de «dar cera, pulir cera» hasta el aburrimiento. Sin perseverancia no hay desarrollo. La suerte está del lado de los perseverantes.

Y de ahí mi propuesta de lanzar mil anzuelos. Si lanza mil anzuelos seguro que vuelve con pesca a casa. Si no es así, dé más cera, pula más cera, inténtelo mañana de nuevo. Si solo lanza uno, puede que pesque o puede que no lo consiga, pero ¿y si lanza mil anzuelos? Perseverancia.

Una historia conocida de lanzamiento incansable de anzuelos la tenemos en la del coronel Sanders, fundador de Kentucky Fried Chicken. Se dice que cuando a causa de la construcción de una carretera perdió el establecimiento que llevaba construyendo toda su vida, sus más de sesenta años no le impidieron salir a la carretera para vender su receta. Lo sorprendente de esta historia es que tuvo que llamar a más de mil puertas hasta que por fin alguien se interesó por ella. Años más tarde había fundado la exitosa cadena de restauración.

La cuestión es que si lanza muchas propuestas comerciales o hace muchas llamadas o habla con muchas personas diferentes, acabará por poner la suerte de su lado. Es cuestión de poner la estadística a trabajar a su favor. Además, el hecho de lanzar muchos anzuelos cuenta con otra ventaja de valor incalculable: usted no está demasiado preocupado por cada una de sus propuestas porque sabe que no depende únicamente de cada propuesta individual que tenga éxito para cubrir sus objetivos. Así puede desvincularse del resultado.

Y para acabar, una observación que puede marcar toda la diferencia: lanzar muchos anzuelos no significa ser insufrible. Tampoco llamar a puertas sin ton ni son. Significa iniciar acciones comerciales de manera constante. En ningún caso de manera alocada. A mí lo que mejor resultado me ha dado siempre es proponer ideas concretas para problemas que o bien me han contado o bien he detectado yo mismo. ¿Por qué no convertirse en el rey de la autocandidatura?

Si estuviese jugando al tiro al plato, tendría dos posibilidades. La primera es disparar a muchos platos con mira telescópica. La mira telescópica hace aumentar sus posibilidades de éxito porque sabe adónde dispara. La otra es vendarse los ojos y disparar al azar. De las dos maneras, en el caso de que lance muchos platos, acabará por cosechar algunos éxitos. Pero usted ya sabe qué modelo le conviene. Hacer propuestas concretas es disparar con mira telescópica.

La perseverancia es una de las herramientas clave para conseguir lo que sea en la vida, pero en lo que a la labor comercial se refiere, es indudable que sin perseverancia no hay resultados. Dar cera, pulir cera, dar cera, pulir cera...

Parte 3

Errores frecuentes en las relaciones con otras personas

Jefe de marketing de usted, S.L.

Error 25. No tener una marca personal

Hace poco, encontré en una entrevista a Antonio Catalán, presidente de AC Hoteles, una pequeña joya. Contaba la entrevista que cuando alguien le pide consejo para montar un hotel, Catalán le dice: *Apunta en un papel todas las cosas malas que te suelen pasar como cliente y procura que no pasen en el tuyo.*

Para mí, esta es la manera de construir una marca.

Y da lo mismo que se trate de una marca personal que de una marca comercial. De hecho, Catalán ha creado dos de las marcas más prestigiosas de hoteles españolas. No digo que sea solo por esto, pero me parece un excelente comienzo.

¿Cómo se construye una marca? Como consumidor, si se detiene a reflexionar, ya sabe cómo se hace. La fórmula se puede resumir en una frase, aunque requiere de mucha sensibilidad y tacto para ponerla en práctica con éxito. La clave es determinar una serie de atributos por los que quiera que se le reconozca, trabajar por ellos y comunicarlos de la mejor y más memorable manera posible. De verdad que no hay más.

Piense cómo funcionan los buscadores de Internet. Cuando escribe una palabra clave, el buscador le devuelve una serie de resultados. Pues usted quiere que le pase lo mismo a todas las personas a las que conoce y ha conocido; usted desea que se acuerden de usted ante determinados conceptos clave. Cuando lo logra, eso significa que su trabajo como jefe de marketing de usted mismo ha dado sus frutos.

Todas las marcas están asociadas a algo que las hace singulares y por lo que son reconocibles. Mercedes, por ejemplo, todo el mundo la asocia a distinción, y Hyundai, a buen precio. El Corte Inglés se asocia a calidad en el servicio, mientras que LIDL se asocia a productos baratos. Italia a diseño, y Alemania, a eficiencia. Yo le pregunto: Cuando sus clientes piensan en usted, ¿qué les viene a la cabeza?

Cuando ya conoce los atributos a los que quiere que se le asocie, la tarea consiste en comunicarlos de la mejor manera posible. Lea los capítulos de este libro dedicados al *networking* y a publicitarse correctamente. Recuerde también que es fundamental que su nombre goce de visibilidad. Pero atención, esto no significa visibilidad a cualquier precio. Lo que quiero decir es que su nombre tiene que sonar y estar presente, pero solo asociado a los conceptos adecuados. Para ello, puede publicar artículos, disponer de un sitio web, escribir libros especializados, impartir conferencias o escribir un blog, por ejemplo.

Da igual la escala a la que juegue. Usted quiere ser una marca reconocida. Ya sea en su pueblo o a nivel internacional. Usted tiene una buena marca si es aquella persona a quien sus clientes le comprarían un coche de segunda mano sin dudarlo.

Disponer de una marca personal le ayudará a sentirse mucho más seguro, a ganar en visibilidad, a obtener mejores trabajos y sobre todo a tener claro lo que usted es, sus objetivos y cómo piensa lograrlos y, aunque solo fuese por esto, ya merecería la pena.

La buena noticia de este capítulo es que, en contra de lo que pueda parecer, las personas quieren marcas. Y las quieren por una sencilla razón, y es que todos estamos cansados de marcas grandes que nos ofrecen un servicio impersonal, frío y mediocre. Una buena marca reduce la incertidumbre y genera confianza. Por eso cuando encuentra una marca que le gusta y le satisface no la cambia bajo ninguna circunstancia. Le es fiel y leal a esa marca. Y aquellas marcas que profundicen un poco en la relación con sus clientes llegarán muy lejos. Hay muchísimo espacio para las marcas que vendan algo más que humo. Y si son personales, mucho más aún.

Para mí las claves radican en ser una marca reconocible y simple y lo de simple, es fundamental. Una marca que sepa evolucionar si tiene que hacerlo y que esté presente, muy presente. Simplicidad y presencia. Esa es la clave.

Y algunas de las marcas que mejor han jugado estas claves son, según un estudio de Millward Brown, Google, cuyo valor es de 86.000 millones de dolares, seguida por General Electric, Microsoft o Coca Cola, que vale unos 58.000 millones de dolares. Y para acabar este capítulo, le regalo una idea que le resultará de gran ayuda. La encontré en un brillante libro de la Escuela de Palo Alto sin el cual el estudio de la comunicación no sería hoy en día lo que es: *Teoría de la comunicación humana.* La idea es tan sencilla como luminosa: no se puede no comunicar.

Usted comunica su marca siempre, 24 horas al día y 365 días al año. Usted no comunica solo cuando lo hace de forma intencional. Lo hace siempre. Si de repente un amigo suyo le deja de llamar durante una larga temporada, ¿verdad que sí, que se está comunicando? Pues lo mismo le sucede a usted como persona y más aún como marca. Comunica siempre: cuando manda un correo electrónico y cuando no lo hace, cuando responde el teléfono por la forma en la que lo hace y cuando no lo descuelga y salta, o no, el contestador, cuyo mensaje, por cierto, también comunica...

¿Cómo se llama la señora de la limpieza?

Error 26. No emplear su red de contactos [*networking*]

Con las personas, rápido es lento y lento es rápido.

[S. Covey]

Considera a tus soldados como a tus hijos
y te seguirán hasta los valles más remotos; considéralos como
a tus queridos hijos y estarán a tu lado hasta la muerte.

[*El arte de la guerra*, Sun Tzu]

En los años años sesenta, Rosenthal y Fode desarrollaron un interesante experimento. A doce estudiantes se les asignaron grupos de ratas a las que se les tenía que enseñar a recorrer un laberinto. A la mitad de los estudiantes se les dijo que las ratas eran de una raza especial caracterizada por su habilidad con los laberintos. A los otros se les dijo que se trataba de ratas criadas para ser tontas con los laberintos. Las ratas eran las mismas. Sin embargo, los resultados de los estudiantes correspondieron a lo que se esperaba de las ratas. El aprendizaje de las ratas «listas» fue mejor que el de las ratas «tontas».

La expectativa sobre los resultados del experimento es determinante para obtenerlos.

En el libro *El 8.º hábito. De la efectividad a la grandeza* de Stephen Covey, se cita una historia que el autor atribuye a Joann C. Jones y que ilustra a la perfección la idea clave de este capítulo.

Cuenta esta anécdota cómo, estando la protagonista respondiendo con facilidad a las preguntas de un examen, leyó la última: ¿Cuál es el nombre de pila de la mujer encargada de la limpieza del centro? Pensó que se trababa de una broma. Aunque había visto a esa mujer mil veces, ¿cómo iba a saber su nombre? Así que entregó el examen en blanco. Antes de que acabara la clase, un alumno preguntó si la última pregunta contaría para la calificación de la prueba. El profesor contestó: *Por supuesto. En vuestra carrera conoceréis a muchas personas. Todas son importantes. Merecen toda vuestra atención aunque todo lo que hagáis sea sonreír y saludarles.*

Esto me recuerda algo que me dijo un profesor de la Universidad: *Si quieres ser relaciones públicas, tendrás que llevarte bien con las secretarias y las recepcionistas. La mayoría de las personas no les prestan ninguna atención, pero ellas son las únicas personas de las empresas que hablan con todo el mundo y que normalmente están al corriente de todo lo que ocurre.*

Hace algunos años descubrí el concepto de *networking*. Me dejó impresionado su utilidad. Fue a mi paso por el gobierno municipal de Londres, que había dispuesto varias organizaciones cuya única finalidad era precisamente promover el *networking*. Espero impaciente el día en el que esto acabe por llegar a España. Aunque lo cierto es que no es fácil definir qué es el *networking*, supongo que es algo así como el arte por el que diferentes personas se ponen en contacto y estimulan sus relaciones para generar oportunidades. Supongo que, si ya es emprendedor, lo habrá observado, pero lo cierto es que la mayoría de las oportunidades de negocio aparecen entre personas que o se conocen directamente o tienen un conocido en común.

Para los emprendedores, cuidar la red de contactos es clave, porque necesitan crear estructuras en las que poder apoyarse en determinados momentos. Piense en los pájaros. Hace poco tuve la oportunidad de escuchar a un ornitólogo una sugestiva explicación acerca de cómo los pájaros vuelan mucho más y más deprisa cuando lo hacen en grupo que cuando lo hacen aisladamente. De hecho, cuando un pájaro se sale de la bandada, rápidamente vuelve a esta para aprovechar el impulso que le genera el pájaro que va delante. A mí esto me recordaba a los ciclistas, que hacen lo mismo cuando van en carrera. Mantenerse junto a otros pájaros que hacen el mismo viaje que usted, le ayudará, le dará fuerzas cuando las pierda y le permitirá ir a veces en cola y otras veces en cabeza, pero siempre acompañado. Aunque trabaje solo, búsquese o cree una bandada de pájaros. Lo agradecerá.

Aunque la contabilidad cuenta como activo, los objetos físicos, las patentes e incluso las marcas, hay algo que no se puede contabilizar fácilmente, pero que, sin embargo, tiene una importancia extrema: la red de contactos. Y atención, porque una red de contactos no es una agenda muy gorda llena de números de teléfono que nunca usa. Una red de contactos es un grupo de personas con las que interactúa de vez en cuando, sea de la manera que sea.

Un libro que habla de esto es *Nunca coma solo*, de Keith Ferrazzi. El autor presume de tener en su agenda más de cinco mil personas que le atenderían el teléfono sin lugar a dudas. La tesis principal del libro es que los negocios se hacen a partir de contactos. Y que para crear contactos hay que aprender a dar y a recibir. No puedo estar más de acuerdo.

¿Ha oído alguna vez que cualquier persona del mundo está separada tan solo por otras seis personas? El psicólogo Stanley Milgram ideó una manera de probar lo que llamó *el problema del pequeño mundo*. Pidió en 1967 a algunas personas en Nebraska que cada una le enviara un paquete a un extraño [un corredor de bolsa de Boston] a través de otra persona, hasta que llegara a alguien que conociera al corredor y se lo diera. Para comenzar, debían enviarle el paquete a alguien que conocieran de nombre y que supiera un poco más que ellos sobre la bolsa. Un tercio de los paquetes le llegaron al corredor de bolsa de Boston, tras una media de seis envíos. Milgram creó el concepto de «seis grados de separación» a partir de este experimento.

Algunos consejos para mantener viva su red de contactos:

—Conecte *motu proprio* con personas que piense que puedan estar agradecidas por haberse conocido.

—Contacte de vez en cuando con personas solo por el mero hecho de hacerlo. Solo por el placer de hacerlo. Sin tener que pedir u ofrecer nada.

—Manténgase en contacto de forma continua: envíe artículos, informe de eventos o llame en ocasiones especiales.

—Tenga preparada una presentación de menos de medio minuto sobre lo que ofrece y/o lo que busca. Puede necesitarla en cualquier momento así que téngala lista en todo momento.

—Cuando conozca personas nuevas recuerde que escuchar es importante y ayuda a construir las relaciones tanto o más que hablar.

—Cree su propia red de contactos. Hable con personas que no conoce pero con las que piensa que puede haber intereses comunes. Le sorprenderá lo abierta que está la mayoría de la gente a escuchar a otras personas al margen de que las conozcan previamente o no.

—Emplee, siempre que sea necesario, las cuatro expresiones clave de las relaciones con otras personas: gracias, lo siento, te quiero y por favor.

—Tenga presente que puede emplear redes de contactos profesionales en Internet.

Al margen de lo profesional, cualquier conversación o encuentro que tenemos con otra persona es importante. Cuídelos porque nunca sabrá a priori a qué persona podrá ayudar en un futuro o a cuál podrá necesitar.

Para mí, comprender esta idea va mucho más allá de cuidar mi profesión y el futuro de la misma. Para mí, cualquier encuentro que tengo con otra persona es sagrado. Por eso, me da exactamente lo mismo la profesión, el estatus social, sus aficiones o su religión. Esa persona es importante y punto. Nunca me he fiado de las personas que pelotean a sus superiores jerárquicamente ni tampoco, aunque suelen ser las mismas, de las que no tratan con el máximo respeto a las que se encuentran por debajo jerárquicamente. Cualquier persona es importante por el mero hecho de serlo y comprender esto le facilitará mucho la vida, más aún como emprendedor.

¿Y cómo le digo yo eso a mi cuñado?
Error 27. Trabajar con amigos o con familiares

Sé que en esto tampoco me hará caso. Sé que pensará que su situación es diferente, que su amigo o su cuñado es una bellísima persona y que puede trabajar con él porque confía en esa persona plenamente.

De antemano le digo que cuenta con todas las papeletas para que, si trabaja con sus amigos o familiares, antes o después los roces aparezcan.

Una cosa es confiar en alguien y otra muy diferente trabajar con esa persona. Yo confiaría mi vida a personas con las que lo último que haría sería trabajar. Una cosa es trabajar con alguien y que luego aparezca la amistad. Otra muy diferente es tener amistad con alguien y luego trabajar juntos.

Lo segundo es mucho más difícil. Principalmente debido a las expectativas que depositamos en esa persona y viceversa. Cuando trabajamos con amigos tendemos a pensar que las cosas irán bien de forma natural, como ya lo hacen fuera del trabajo. Pero no suele ser así. Manejar correctamente las expectativas es imprescindible en estos casos.

Como sé que de todas maneras es probable que antes o después establezca alguna colaboración, sea del tipo que sea, con amigos o familiares, vamos a ver de qué manera se pueden aminorar los conflictos antes de que aparezcan, siguiendo esa máxima que afirma que es más fácil prevenir los problemas que solucionarlos.

La mejor manera de solucionar problemas cuando trabajamos en general con cualquier persona y más aún con amigos y familiares, e independientemente del tipo de relación profesional que establezcamos, es dejar claro un contrato lo más concreto posible al principio de la relación. Mejor dicho: antes de que la relación profesional empiece. De hecho, esto es necesario y se lo aconsejo con cualquier persona con la que vaya a trabajar, pero con amigos y familiares, donde pueden traspasarse los límites de la relación con mayor facilidad debido a la confusión entre roles y personas, esto debería ser obligatorio.

Me llamó la atención un capítulo de la serie de televisión *Sexo en Nueva York* titulado «*Defining Moments*», algo así como «Momentos definitorios», que trata precisamente sobre la importancia que tiene definir conjuntamente los términos en los que se va a desarrollar una relación. Aunque en esta serie se refiere a las relaciones sentimentales, lo cierto es que es igual de importante en cualquier tipo de relación.

Y hablando de definir, si lo puede dejar por escrito, mejor que mejor. No es porque desconfíe de la otra persona. Nada de eso. Es simplemente por lo que dice el refrán: es más fácil prevenir que curar.

Por escrito quiere decir sencillamente mandar un correo electrónico que recoja los puntos que hayan acordado previamente. De esta manera usted verifica que lo que hablaron es lo que entendieron. Constituye, además, una excelente manera para ambas partes de recordar lo que se trató. Las palabras se las lleva el viento y al plasmar los términos del acuerdo al que llegaron por escrito se está obligando a clarificar las posibles discrepancias en el enfoque. Es frecuente que algunas diferencias se minimicen cuando trabajamos junto a otra persona. Y es precisamente no prestar la debida atención para ver esas situaciones lo que posteriormente se convierte en fuente de discrepancias.

En esta conversación sobre los términos de su relación deberán tratar con el máximo detalle posible diferentes cuestiones. Le recomiendo que busque las espinosas. Cuanto antes se traten mejor. Y mejor aún si es antes de empezar un trabajo en el que todavía pueda hablarse sin tanta presión. Deberán tratar cuestiones como quién hace qué y en qué plazos. También las responsabilidades de cada uno y quién hablará con quién y para qué. Deberán definir, asimismo, lo más pormenorizadamente posible, en qué consiste el trabajo y, si es preciso, cómo y/o cuándo será evaluado. En función del tipo de relación que vayan a establecer, puede ser oportuno también determinar qué pasará en el caso de que decidan, sea por el motivo que sea, dejar de trabajar juntos: ¿Con cuánto tiempo habrá que avisar? ¿Qué pasará entonces con los trabajos que ya estén en marcha? ¿De quién es el cliente? Deben dejar claro también quién es el que manda, o lo que es lo mismo: quién tendrá la última palabra en caso de desavenencia. El diálogo es importante y sin él las organizaciones mueren, pero otra causa de fallecimiento es el exceso de discusión o la falta de toma de decisiones cuando se hace preciso tomarlas. Este creo que es el principal aprendizaje que he obtenido de mi vida asociativa. Alguien tiene que decidir. Dejen claro de antemano quién será.

Una de las mayores fuentes de conflictos entre humanos proviene de no definir bien, al principio de la relación o siempre que sea necesario a medida que esta avanza, los límites y las expectativas con la que nos acercamos a esta. Cuando comienza una relación, ya sea de amistad, profesional, sentimental o de otro tipo, siempre lo hace con unas expectativas determinadas. Y claro, la otra persona también.

En el caso de que estas difieran mucho o en el caso de que no se hayan explicitado o no se haya llegado a un acuerdo sobre ellas, el conflicto está garantizado. Defina las expectativas o lo que cada uno espera de la relación o del trabajo en cuestión y del tipo de colaboración que espera. Simplemente por hacerlo, se ahorrará muchos problemas, porque será capaz de ponerles solución antes de aparezcan.

La otra cuestión que más problemas suele plantear es la definición de los límites en las relaciones profesionales o personales. Defina lo antes posible y mejor si es al principio qué límites considera necesarios para que la relación funcione y pida que la otra persona lo haga. El acuerdo sobre esta cuestión le evitará la aparición de numerosos problemas.

Por cierto, usted ya lo sabe, pero recuerde que ni el mejor contrato puede evitar los problemas si trabaja junto a personas con las que no se ha creado un clima de mutua confianza. La confianza es lo que mueve los negocios y lo que mueve el mundo. Si tiene un contrato muy claro, pero la otra persona no quiere colaborar, está perdido. El contrato, verbal o escrito, sirve para que la relación fluya más suavemente, pero solo funcionará en un clima previo de confianza mutua.

Reflexione bien antes de trabajar con amigos y familiares si desea hacerlo o si dispone de otras opciones. En el caso de que decida seguir adelante, defina de manera clara, concreta y sin ambigüedades los términos de la relación. Sé que es posible que le dé vergüenza. ¿Cómo le voy a decir eso a mi cuñado? Pues si no lo hace ahora, luego, en lugar de vergüenza, le dará dolores de cabeza.

¿Tengo clientes internos?

Error 28. Ser el más listo de sus colaboradores

Si quieres verlo hecho,
pídeselo a una persona ocupada.
[Proverbio chino]

Un gramo de caviar en un kilo de excremento
no cambia nada. Un gramo de excremento
en un kilo de caviar lo cambia todo.
[Roland Topor]

Uno de las asuntos que más les cuesta solucionar a los emprendedores es encontrar personas con las que colaborar y en las que confiar al principio o cuando el volumen de negocio empieza a crecer un poco. Cuando eso último sucede es el momento de plantearse si se quiere avanzar hacia la creación de una estructura empresarial más amplia o si se quiere estabilizar el modelo de negocio en lo que a crecimiento se refiere.

Decida lo que decida, como emprendedor resulta muy conveniente disponer de una o de varias personas en las que pueda confiar para que le gestionen todo o parte del trabajo cuando se vaya de vacaciones, cuando tenga un pico de trabajo y se vea obligado a delegar parte de este o para establecer una relación de colaboración duradera.

Si usted o su empresa son buenos en lo que hacen, antes o después se verá envuelto en una situación en la que no podrá atender todo el trabajo que le llega y aunque esto le suceda de forma puntual, le resultará de gran ayuda disponer de una red de colaboradores o trabajadores que le puedan echar una mano. Lo mejor de esta red de personas no es solo que le aliviarán cuando tenga picos de trabajo, sino que además le acabarán por suministrar trabajos. Son las ventajas de trabajar en red.

Por cierto, sus empleados o su red de colaboradores son una extensión de su «marca personal» o de la marca de su proyecto empresarial y lo que ellos hagan le afectará a usted de manera directa, así que sumo cuidado con la elección. En último término es mejor no aceptar un trabajo a que se lo haga alguien en su nombre y que lo haga mal. Si usted es el más listo de su empresa o de su red de colaboradores, le garantizo que algo falla. Si no, acabará por fallar.

La red de colaboradores

Si necesita o quiere fundar una red de colaboradores, le deseo mucha suerte. Vamos a ver las condiciones mínimas para que esta red de colaboradores funcione.

La primera es trabajar únicamente con personas que se dedican solo a atender su trabajo de *freelance*. Cuando sus colaboradores tienen otro trabajo, en su lista de prioridades no estará usted el primero sino el de la empresa que le paga su sueldo. A veces ya es difícil trabajar con *freelances* que se dedican solo a eso, así que imagínese trabajar con personas que tienen una jornada laboral y luego en sus ratos libres se dedican a colaborar con usted. La cuestión está clara, si tienen un trabajo por cuenta ajena, viven primero de eso, así que cuando tengan que escoger, priorizarán su trabajo «estable». Si una persona tiene un trabajo por cuenta ajena, no le recomiendo que trabaje con ella. Como siempre, hay excepciones, y hay trabajos que se pueden compatibilizar, pero en último término piense a quién dedicará esta persona la mayor parte de su energía a lo largo del día. Suele dar mejores resultados trabajar con personas que viven exclusivamente de su propio trabajo o negocio. Le cuidarán como cliente.

Trabaje solo con personas que sean como mínimo igual de buenas que usted. Seleccione solo a profesionales que sean excelentes. Si no lo hace, será por tener a un perrito faldero o por no sentirse solo. De verdad, no cometa este error aunque tenga prisa por dejar solucionado un trabajo. Usted no puede ser el más listo de sus colaboradores. Usted tiene que estar rodeado de los mejores. Y aun así, a veces, acabarán por surgir problemas.

Trabajar con profesionales. Para mí este principio solo tiene una excepción: se puede trabajar con personas que todavía no son brillantes profesionales al cien por cien si están aprendiendo y demuestran claramente que tienen pasión por lo que hacen. Esto se puede comprobar por la actitud de estas personas. Para mí la pasión por lo que se hace puede sustituir la falta de conocimientos en determinadas ocasiones. Vigile de cerca todo el proceso del trabajo si opta por este tipo de colaboradores, digamos, en prácticas, y adecue su remuneración.

Por último, si trabaja con colaboradores, cuídelos como mínimo igual que a sus clientes. Mejor: cuídelos más. Si no lo hace, al final perderá al cliente y al colaborador. Sin la complicidad de los colaboradores o empleados no podrá sacar muchos trabajos adelante. Hay veces en las que si cada uno de nosotros se atuviese a las normas fijadas de antemano, los trabajos no saldrían. Y si la gente que trabaja para usted actúa de este modo, los proyectos no saldrán adelante. Es imprescindible que cuente con su apoyo incondicional. Y eso solo se puede ganar de una manera: cuidándolos y tratándolos con el respeto que se merecen. Es lo que algunos llaman el *cliente interno*.

Cuando trabajamos en equipo, este es como una cadena: es tan fuerte como lo es el más débil de sus eslabones. Sus colaboradores son sus eslabones. Si ellos son o están débiles, su cadena se romperá sin importar lo fuertes que puedan llegar a ser el resto de los eslabones.

La lección del presidente
Error 29. Seleccionar a los proveedores solo por el precio

Si puedes, relaciónate con personas amables, si no te es posible,
haz lo que dijo el Buda: «camina en solitario como el elefante».
[*El faquir*, Ramiro Calle]

Tiene un trabajo que entregar y necesita encargar parte de este a otro proveedor que le suministre ciertos productos o servicios. Ha pedido varios presupuestos y en función del presupuesto que acabe seleccionando su margen de beneficio será mayor o menor. ¿Qué proveedor selecciona finalmente?

Normalmente uno de los criterios que suelen pesar en este tipo de decisiones es el económico. Pues lo que yo le aconsejo es precisamente que haga todo lo contrario: no tenga en cuenta el criterio económico. Bueno, apenas en cuenta.

Seleccione a sus proveedores por lo expertos que sean en el tema, con todo lo difícil que resulta de medir. Olvídese en un primer momento de lo que le van a cobrar. Hable con ellos. Analice los productos o servicios que le ofrecen. Intente verificar si sus clientes han quedado satisfechos. Pida referencias. Charle con ellos para ver si comparten la manera de entender el trabajo. Preste atención a los detalles. Observe, por ejemplo, si cuando le dicen que le van a llamar lo hacen, si son puntuales en sus citas... este tipo de cosas. Trate de buscar información sobre ellos. Escuche a su intuición. Después, y solo si tiene dudas entre varios, emplee el criterio económico. Y, claro, le va a ocurrir que no siempre se quedará con el proveedor más barato.

Sé lo que está pensando: claro, pero entonces o bien gano menos o mis trabajos se encarecerán. Probablemente esté en lo cierto. Pero ese va a ser el precio que van a pagar sus clientes por la garantía de un trabajo bien hecho y usted por la garantía de haber seleccionado al mejor. Y aunque cueste un poco más, usted siempre puede, y debe, explicar por qué. Debe transmitir a sus clientes el motivo. La mayoría lo van a entender. Y si no lo entienden o con ese cliente o tipo de cliente en concreto no es oportuno, pues siempre puede seleccionar para ese trabajo a otro proveedor. Y en ese caso está en la obligación de explicarle a su cliente en qué va a perder.

Los proveedores, cuando son buenos y están bien seleccionados, son, además de una garantía, una fuente de información de primer orden. Le ayudarán a aprender cuestiones de las que usted no tenía ni idea, pero que son importantes para su trabajo. Reconozco que lo de hablar con proveedores es una parte del trabajo que me encanta. No lo puedo evitar: me sale mi lado más periodístico.

Podrá descubrir multitud de detalles que no se habría ni siquiera planteado.

Seleccione a los proveedores que se involucren con usted en el trabajo y que le ayuden a escoger lo mejor para su cliente. Esos son los proveedores que le interesan. Si además son baratos, mejor que mejor. Negocie el precio solo cuando sea imprescindible. Intente que todo el mundo a su alrededor cobre lo que piense que tiene que cobrar. El dinero no es el fin, sino el medio que permite que todo siga funcionando.

Olvídese del beneficio de cada trabajo. Piense solo en hacerlo bien. Si usted centra su atención en hacerlo bien, lo demás acaba por aparecer. Los emprendedores somos como equilibristas. Por eso solo tiene que preocuparse de dar el siguiente paso bien. Si cada paso que da, lo da bien, al final llegará a la meta. Pero si en lugar de estar pensando en el paso que está dando, está pensando en la meta, es posible que se distraiga y se vaya al suelo. Y si esto ocurre… ¡Paf, se acabó! Preocúpese de hacer las cosas bien y olvídese del precio y de la meta. Los trabajos acaban saliendo bien cuando uno se preocupa por dar cada uno de los pasos intermedios bien y entonces usted gana lo mismo o incluso más.

En la imprescindible película *La cortina de humo*, dirigida por Barry Levinson y con una actuación brillante de Robert de Niro y Dustin Hoffman, el presidente de Estados Unidos se ve involucrado en un escándalo de faldas. Lo que hace es contratar a un solucionador de pro-

Solo tiene que dar el siguiente paso correctamente.

blemas que le ayude con esta cuestión. Es decir, contrata a un proveedor. ¿Piensa usted que escatima dinero? Para nada. Lo que le pide se lo da. No hay regateos. Hay un trabajo que hacer y si el que lo va a realizar es bueno, eso tiene un precio.

Valore el trabajo que hay detrás de los precios. No escatime con sus proveedores. Rodéese de solucionadores de problemas y págueles, siempre que esto resulte posible, lo que le pidan. Facilite lo necesario para que trabajen a gusto. A todos les irá mejor.

Un casting para clientes

Error 30. Pensar que el cliente siempre lleva la razón o no quitarse de encima a algunos clientes

> Le dice un emprendedor a su asesor fiscal:
> – Le doy todo lo que tengo si me dice dónde hay negocio.
> – Le doy el doble si me dice dónde no lo hay.

Sé que esto que voy a decir puede sonar poco popular pero hay ciertos clientes que es mejor no tener. De hecho también sé que, aunque no lo diga, ya lo piensa. Ahora mismo se está acordando de ese cliente que tiene o ha tenido que le hacía la vida imposible. Pues bien, lo que yo le propongo es simplemente que se los quite de encima. Estos clientes no le interesan. Encuentre otros.

El cliente no lleva siempre la razón. A veces la llevará y a veces no. Hay ideas que de repente se extienden como la pólvora por el imaginario colectivo y todo el mundo parece estar de acuerdo con ellas. Pero resulta que son falsas. ¿Cómo puede alguien, sea cliente o sea el mismísimo Dalai Lama, llevar razón en todo? Pues nada, yo he oído esta frase como un millón de veces. Y no me canso de repetir que esto a las empresas y a los *freelances* les trae problemas. Y a los *freelances* más aún, puesto que la relación es más directa y no pueden escudarse en su jefe ante ciertas discusiones.

El enfoque correcto es que usted no trabaja para nadie ni nadie trabaja para usted. Usted trabaja con personas. Y todos, juntos, buscan los mejores resultados. Y cuando este enfoque falla en alguna de las partes implicadas es frecuente que los problemas acaben por aparecer. El cliente lleva la razón a veces y a veces no.

Hay clientes que es mejor no tener. Al igual que estos le seleccionan y eso le parece normal, usted tiene que saber que también puede seleccionar a sus clientes. Debe responsabilizarse de encontrar los clientes con los que quiere trabajar. Y ya no porque quieran llevar la razón en todo. Puede ser simplemente porque el trabajo que le piden no le interesa hacerlo. Da igual que sea porque le aburre o porque no le deja beneficios o por lo que sea. Al igual que hablábamos de la importancia que tiene trabajar junto a colaboradores y proveedores adecuados, es muy importante que se vaya creando una red de clientes con los que tenga conexión. Encontrar clientes con los que podamos trabajar cómodos es tan necesario como encontrar a los colaboradores adecuados. No todos los clientes le interesan.

La ley de Pareto dice que el 20 % de los esfuerzos nos proporcionan el 80 % de los resultados. El 20 % de sus clientes le proporcionan el 80 % de sus beneficios y satisfacciones. El objetivo, por tanto, es potenciar la relación con ese 20 % o encontrar muchos 20 % igualitos a este 20 %. Ceda a su competencia los clientes que menos satisfacciones le proporcionan.

Una de las compañías de telefonía móvil más conocidas del mundo ha optado por una política en la que prima el trato al 20 % de sus consumidores que le reportan el 80 % de sus beneficios. Gracias a una herramienta de CRM [*Customer Relationship Management*], cuando el centro de atención al cliente recibe una llamada, detecta de qué tipo de usuario se trata. A los clientes estratégicos, es decir, a los que forman parte de ese 20 %, se les dirige a un centro de operadores altamente capacitados y que tienen que contestar antes de que el teléfono suene tres veces. Los recursos en esta empresa son asignados en relación al tipo de interés que tengan para la empresa. Tiene en cuenta la ley de Pareto.

Ahora bien, cuidado con dejar su mercado en manos de unos pocos clientes. Si lo hace será, desde un punto de vista estratégico, mucho más débil que si facturase a muchos clientes diferentes. Cuidado con aplicar la ley de Pareto cuando del resultado de su aplicación se quede en manos de uno o pocos clientes.

Una manera excelente de filtrar clientes es a través del precio que pide por su trabajo. Cuando prevea que hay un cliente que no le interesa, puede aumentar el precio del servicio hasta una cifra tal que si el cliente la acepta, a usted le interesa porque, a partir de cierta remuneración, cualquier cliente resulta menos latoso. Pero, en cualquier caso, piense que si no hay verdadera afinidad con el cliente o con el trabajo, gane lo que gane, ese trabajo acabará por hacérsele cuesta arriba.

El dinero es un premio por el trabajo bien hecho, nunca un fin para cuyo logro trabajamos.

La práctica del club de cerebros y corazones

Error 31. No tener mucho cuidado con las asociaciones

Dos que duermen en un mismo colchón
se vuelven de la misma condición.
[Dicho popular]

No creas que un amigo sea tan amigo
que no te pueda traicionar nunca.
Tampoco que un enemigo sea tan enemigo
que no te pueda salvar la vida en algún momento.
[Proverbio chino]

Este capítulo solo quiere insistir en lo que ya hemos mencionado en los capítulos anteriores dedicados a la relación con otras personas: cuidado con quién se asocia. Es mejor caminar solo que mal acompañado.

En *El libro negro del emprendedor*, de Fernando Trías de Bes, encontrará muy buenas ideas sobre lo que supone emprender. Hay un párrafo en el que hablando de los recursos de la empresa dice…

Si está pensando en tener socios porque necesita dinero, hable con un banco.

Si está pensando en tener socios porque solo no puede con todo, emplee un trabajador.

Si está pensando en tener socios porque hay un área que no domina, subcontrate ese servicio.

Si está pensando en tener socios porque necesita comentar ciertas cosas, contrate un *coach*.

Si está pensando en tener socios porque tiene miedo, haga deporte.

La idea está clara: no tenga socios. Aun así, las relaciones con otras personas, aunque sean de un tipo diferente al de la sociedad, en nuestro trabajo como emprendedores no solo son necesarias sino aconsejables. Recuerde las normas básicas para que todo salga de la mejor manera posible: rodéese solo de los mejores y haga lo posible por dejar lo más cerradas posibles las condiciones del contrato que va a regir su relación. Prestando especial atención a:

–las expectativas,
–los límites de la relación,
–todo lo relacionado con los términos económicos de la misma,
–qué ocurre si su relación se termina,
–definir con el máximo detalle las tareas que involucra el trabajo o la colaboración y concretar quién hará qué bajo qué supuestos.

Otro error que suelen cometer los emprendedores cuando tienen que dar órdenes es ser demasiado blandos o demasiado duros. Para mí, la clave del éxito a este respecto es ser firme pero amable. La buena educación y la cortesía no están reñidas con la firmeza en el cumplimiento de lo acordado.

Un poema de Benedetti habla de la gente que le gusta. Con gente así da gusto trabajar. Cuando los encuentre no los deje pasar:

Me gusta la gente que vibra, que no hay que empujarla, que no hay que decirle que haga las cosas, sino que sabe lo que hay que hacer y que lo hace en menos tiempo de lo esperado.

Me gusta la gente con capacidad para medir las consecuencias de sus acciones, la gente que no deja las soluciones al azar.

Me gusta la gente estricta con su gente y consigo misma, pero que no pierde de vista que somos humanos y nos podemos equivocar.

Me gusta la gente que piensa que el trabajo en equipo, entre amigos, produce más que los caóticos esfuerzos individuales.

Me gusta la gente que sabe la importancia de la alegría.

Me gusta la gente sincera y franca, capaz de oponerse con argumentos serenos y razonables.

Me gusta la gente de criterio, la que no se avergüenza de reconocer que no sabe algo o que se equivocó.

Me gusta la gente que al aceptar sus errores, se esfuerza genuinamente por no volver a cometerlos.

Me gusta la gente capaz de criticarme constructivamente y de frente; a estos los llamo mis amigos.

Me gusta la gente fiel y persistente, que no fallece cuando de alcanzar objetivos e ideas se trata.

Me gusta la gente que trabaja por resultados. Con gente como esa, me comprometo a lo que sea, ya que con haber tenido esa gente a mi lado me doy por bien retribuido.

Y ya que hablamos de asociaciones. Comparto con usted una práctica que ofrece buenos resultados; a mí me los ha dado: crear un club de cerebros (y de corazones) emprendedores para discutir y charlar sobre dificultades en el trabajo. Invite a diferentes personas, se conozcan previamente entre ellas o no, a formar un club de debate una vez al mes, por ejemplo. En cada encuentro puede ser uno el moderador, pero la clave es que puedan charlar de sus ideas, problemas y desafíos. Se sentirá menos solo y acabarán por crear sinergias que les favorecerán a todos. Ahora bien, sea selectivo, por favor. Invite solo a personas creativas, innovadoras, aventureras, libres, colaboradoras… a personas que hayan hecho una apuesta decidida por mejorar su vida. Personas que sepan hablar cuando hay que hacerlo y escuchar cuando es el momento: deje a los blablateros para otros momentos. Necesitará ser selectivo para crear un ambiente donde cada miembro pueda sacar toda la creatividad que lleva dentro y donde se demuestre que uno más uno son tres. No hay nada que reconforte más que saber que hay un ejército de personas ahí fuera que pasan a diario por lo mismo. Es importante que sepa que no está solo.

Hay un dicho que afirma «No sé a dónde voy, pero sí con quién voy». Pues eso.

¿Esta decisión aumenta su número de posibilidades?

Error 32. Depender de un pagador en más de un 25 %

La tecnología punta en los negocios
es el sentido común.

[Antonio Catalán]

La nueva legislación española recoge una figura que se llama *trabajador autónomo dependiente*. Es una paradoja. Es como decir autónomo por cuenta ajena. Es simplemente contradictorio. El hecho es que si la legislación recoge esta situación es porque en la práctica ya se está produciendo. Y en ese sentido supone un avance. Hay multitud de personas que trabajan para una única empresa aunque desde el punto de vista jurídico son autónomos. Hay muchas empresas que están en esta misma situación. Desde el punto de vista del número de clientes al que prestan servicios se encuentran exactamente en el mismo escenario. Si se quedasen sin el cliente, la empresa tendría que cerrar al día siguiente.

Si depende de un solo pagador demasiado, está poniendo en peligro su independencia o la de su empresa.

Y la independencia es una de las bendiciones que se tienen como emprendedor. Sé que es muy tranquilizador tener un cliente al que facturar mensualmente. De hecho sé que a veces esto constituye la meca de las empresas y los *freelances*. Pero cuidado con este asunto. Porque puede estar hipotecando sus recursos o los de su empresa y perdiendo capacidad de movimiento.

Tome esta idea con flexibilidad porque va a depender mucho de cada situación, pero depender de un solo pagador en más de un 25 o 30 % le resta capacidad de actuación. Usted sabrá adaptar esto a su caso. La idea clave es que pueda trabajar con cada uno de sus clientes sabiendo que, aunque ese en concreto le dejara de suministrar trabajo al día siguiente, su economía no se vería afectada notablemente ni le metería en problemas. Si depende de un solo cliente, ¿qué hará cuando ese cliente cambie su contacto dentro de la empresa? ¿O cuando cierre o cuando un día se dejen de caer tan bien?

Uno de los criterios que suelo adoptar cuando tomo decisiones es este que dice: «Actúa siempre de manera que amplíes tu número de posibilidades». Y depender de un solo pagador, salvo contadas excepciones, no le va a ayudar a aumentar su número de posibilidades.

Parte 4

Errores en la relación con uno mismo

¿Sabía que su automóvil y usted tienen dos cosas en común?

Error 33. No hacer algo que le haga ilusión todos los días

> Uno de las definiciones de locura consiste
> en hacer las mismas cosas una y otra vez
> y esperar resultados diferentes.
>
> [Albert Einstein]

Relájate, pide ayuda, delega tareas, hazle un favor, expresa lo tuyo, rompe un hábito, sal a correr, pinta un cuadro, sonríe a tu hijo, permítete brillar, mira fotos viejas, lee un buen libro, canta en la ducha, escucha a un amigo, acepta un cumplido, ayuda a un anciano, cumple con tus promesas, termina un proyecto deseado, sé niño otra vez, escucha la naturaleza, muestra tu felicidad, escribe en tu diario, permítete equivocarte, haz un buen álbum familiar, date un baño prolongado, por hoy no te preocupes, deja que alguien te ayude, mira una flor, pierde un poco de tiempo, apaga la tele, habla, escucha tu música preferida, aprende algo que siempre deseaste, llama a tus amigos por teléfono, haz un pequeño cambio en tu vida, haz una lista de cosas que haces bien, ve a la biblioteca y escucha el silencio, cierra los ojos e imagina la playa, haz sentir bien o bienvenido a alguien, dile a las personas que amas cuánto las quieres,

Vivir sin jefe

Cada día es único. Si ha visto la película *Entre copas*, recordará que uno de los protagonistas, después de haber perdido a la mujer a la que amaba y de tener un mal día, se mete en una cadena de comida rápida y abre una botella de vino única, una auténtica pieza de colección. ¡Y se la toma en una hamburguesería! Me fascina esta escena. He visto la película varias veces y sigue siendo mi secuencia favorita: es la vida en estado puro. No sirve de nada guardar una botella de vino para la ocasión especial. Cualquier día es o puede ser una buena ocasión para tomarla.

Si gestiona su propio trabajo o negocio, ya habrá llegado a la conclusión de que eso de las ocho horas es un invento para ociosos o desmotivados. Ocho horas acaban sabiendo a poco para hacer todo lo que hay que hacer y para emprender todas las ideas nuevas que uno tiene. Y claro, en medio de toda esa vorágine diaria del hacer, suele quedar poco tiempo para dos actividades que, sin embargo, como emprendedor, son imprescindibles: una es pensar y planificar estratégicamente. Ya, ya sé que esto suena a alta dirección pero de hecho no es así. La otra es algo tan sencillo como cuidarse un poco: hacer todos los días algo que le haga ilusión. Convertir cada día en algo grande.

De la misma manera que su coche no puede funcionar indefinidamente sin parar en una gasolinera o sin hacer una revisión de mantenimiento de vez en cuando, y esto le parece de lo más normal, usted no puede seguir indefinidamente sin entrar de vez en cuando en la gasolinera y en el taller. Hacer cada día algo que le haga ilusión es ir a la gasolinera. Es algo que necesita hacer frecuentemente: quiera o no quiera. Apenas lleva tiempo, pero es imprescindible. Si no, el coche acaba por pararse. Lo de las revisiones son las vacaciones, los días libres o concederse algún lujo de mayor escala de vez en cuando. Y de mayor escala no significa necesariamente más caro.

Resulta aconsejable encontrar algo que le haga ilusión y hacerlo a diario. O encontrar cada día algo diferente. Da lo mismo. Puede ser parar a media mañana para tomarse un zumo natural o para escuchar o, mucho mejor aún, bailar esa canción que tanto le gusta. Puede consistir en ver una película o en ir al teatro o en leer la prensa nacional o internacional. O en emplear media hora al día para llamar a alguna persona querida con quien lleva tiempo sin hablar. O mejor aún: quedar con ella. O en escribir o responder correos electrónicos personales. O en entrar en ese café que tanto le gusta a tomar algo, o en trastear un rato en Internet o en hacer deporte o en apuntarse a un curso de flamenco o de cocina japonesa… lo que sea, da igual, pero todos los días tiene que encontrar un rato, a veces mayor, a veces menor, para hacer algo que le haga ilusión. Esto, además de pasar por la gasolinera, es una forma de mantener la autoestima alta y seguir funcionando al cien por cien por tiempo indefinido. Estoy pensando ahora en una emprendedora con la que trabajo de vez en cuando que se regala flores por la mañana mientras va camino del trabajo. Le encantan y se las regala. ¡Olé!

Además de echarle gasolina a su vehículo, de vez en cuando tiene que cambiarle las bujías y las ruedas y revisarlo para que pueda seguir funcionando. Un coche bien cuidado puede durar toda la vida. Usted también necesita revisiones periódicas para seguir en marcha en perfectas condiciones. Uno de los mayores problemas a los que se enfrentan los emprendedores es su incapacidad para desconectar cuando están fuera de su trabajo. Su vida y su trabajo se acaban mezclando tanto que es difícil saber cuándo se está fuera del trabajo. Por eso, en el caso de los emprendedores, son mucho más necesarias las tareas de autocuidado.

No se deje arrastrar por el día a día. Mantenga la cabeza a flote y dedique un tiempo de vez en cuando a pensar estratégicamente. Pare para escribir sus objetivos, para ver a dónde quiere ir. Pare un rato de vez en cuando para charlar con sus trabajadores, colaboradores, proveedores, clientes o cualquier persona con la que trabaje. Fomente las relaciones informales. Dedique un día de vez en cuando a quedarse en la cama hasta tarde o a tomarse la tarde libre. No me creo que necesite estar siempre al pie del cañón. Y si lo es, algo en su modelo de negocio no funciona. Parar un día de vez en cuando no solo no hace ningún daño, sino que le ayudará a recobrar esa sensación de que es usted quien tiene el control de la situación. Aproveche las rachas en las que tiene menos jaleo para analizar cómo va su trabajo y para disfrutar de los pequeños placeres. Esa es una de las ventajas de ser emprendedor. Aprovéchela. Analice si se va cumpliendo lo que quería o no. Y por qué. Puede hacer un DAFO de su trabajo o de algún aspecto que considere importante de este. Un DAFO es una herramienta que permite analizar las Debilidades, las Amenazas, las Fortalezas y las Oportunidades de una situación o problema cualquiera. Es una herramienta de análisis que ofrece excelentes resultados y que está al alcance de cualquiera que tenga un rato libre, un lápiz y un papel. En definitiva, no puede estar siempre al cien por cien. Además, no tiene ningún sentido.

ANÁLISIS EXTERNO	
OPORTUNIDADES	AMENAZAS
1.	1.
2.	2.
3.	3.
4.	4.
ANÁLISIS INTERNO	
FORTALEZAS	DEBILIDADES
1.	1.
2.	2.
3.	3.
4.	4.

Comprenda que, aunque es cierto eso que dice el proverbio chino de que solamente en medio de la actividad desearía vivir mil años, es preciso parar de vez en cuando para echar gasolina y revisar el vehículo. Pero sobre todo para tomar el mapa y comprobar que estemos avanzando por la carretera adecuada.

¡No responda al teléfono! ¡Diga no a tía Antoñita!

Error 34. No saber decir que no

> Cuando un hombre experimenta límites,
> se siente estimulado a dar más.
> [*Los hombres son de Marte,
> las mujeres son de Venus*]

¿Sabe que el hecho de que suene el teléfono no significa que lo tenga que descolgar inmediatamente? ¿Sabe que el hecho de que usted disponga de mayor libertad de horarios que algunos de sus clientes, familiares o amigos no significa que tenga que ceder sistemáticamente? ¿Sabe que no tiene por qué estar todo el día con la nariz delante del ordenador para ver quién le ha escrito un *e-mail* urgentísimo? ¿Sabe que todo lo urgente normalmente no lo es tanto?

Aunque la idea general de este capítulo es animarle a que aprenda a decir que «no» cuando lo considere necesario, nos centraremos en dos cuestiones en concreto. La primera es la de que tiene que aprender a gestionar la interrupción. La otra es que debe aprender a decir que no cuando le propongan tratos, trabajos o citas que se extralimiten de lo que usted considere tolerable. Aquí es nada.

Aprender a decir que «no». Es una habilidad social que no se suele enseñar en el seno de las familias. Es normal. He visto a pocos padres que enseñen a sus hijos a que les lleven la contraria: «Hijo mío, ¡no me digas que sí! Debes aprender a conocerte a ti mismo para decirme que no cuando te diga algo que vaya en contra de lo que deseas». Y sin embargo es una competencia que si no tenemos afecta a nuestra autoestima. Sin saber decir que no cuando hay que decirlo, nuestra capacidad de decisión sobre nuestra propia vida disminuye.

Si usted es de los que en ocasiones después de haber cerrado, vamos a decir, una cita a una hora que no deseaba, se lamenta y piensa que debería haber dicho lo contrario, o es de los que a veces se sorprende a sí mismo diciendo que sí a propuestas que en un principio no desea, entonces debe entrenar esta habilidad. Es la habilidad de decir que no. Y la debe cultivar no solo por los beneficios que le reportará hacerlo en el momento concreto en el que diga que no, sino por la sensación de autocontrol que le proporcionará sobre su propia vida. Hay decisiones cuyo ámbito de repercusión va mucho más allá del de la propia decisión. Esta es una de ellas.

¿Quiere entrenar esta habilidad? Hay un ejercicio que quizá le pueda ayudar. Consiste en determinar un período en el que usted tiene que decir que no siempre e independientemente de que le convenga o no lo que le propongan. Posteriormente, si después de pensarlo detenidamente, decide cambiar de opinión, puede hacerlo. Siempre puede llamar y aceptar esa propuesta. Quizá no le sea posible hacerlo así siempre, pero entonces puede proponer, dentro de la dinámica del ejercicio, una alternativa muy parecida. Le proponen una cita a la una y a usted le va bien. Perfecto. Usted propone a la una y cuarto. Es casi lo mismo pero no es igual. Usted se está entrenando en la habilidad de decir que no. El objetivo del ejercicio es que se acostumbre a verse a sí mismo con el control sobre una situación concreta. No prolongue este ejercicio indefinidamente en el tiempo. Sería absurdo. Puede y debe pararlo en cuanto se haya dado cuenta de que usted también puede decir que no y que después de hacerlo el mundo sigue girando y en orden.

Gestionar la interrupción. Si usted es de los que contesta siempre al teléfono y hace lo que le piden inmediatamente, o es de los que responde los correos electrónicos según le van entrando, entonces no sabe gestionar la interrupción. Gestionar la interrupción supone tener la capacidad para que, cuando no lo desea, no le molesten las llamadas, correos electrónicos u otras interrupciones que le puedan afectar en su trabajo. Gestionar la interrupción resulta de vital importancia porque, cuando hacemos solo una misma cosa cada vez, el tiempo cunde mucho más. Y este es el principio que justifica aprender a gestionar la interrupción. Es mucho mejor, si tiene algo urgente que hacer o si está reunido, no coger el teléfono y devolver la llamada posteriormente. O cogerlo y explicar que no es un buen momento para hablar y acordar un momento adecuado en el que pueda hablar con la otra persona tranquilamente. El teléfono tiene que convertirse en una ayuda y no en una fuente de interrupciones. Acostúmbrese a concentrar tareas. Devuelva o realice todas las llamadas a la vez. Haga todas las facturas del mes en el mismo momento. Cuando tenga que hacer recados, hágalos todos de una vez.

La otra gran cuestión con la que tienen que lidiar los emprendedores es con la de hacer entender a todo el resto del planeta que el hecho de que dispongan de un horario flexible, no significa que no trabajen o que puedan aceptar cualquier cita a cualquier hora. Si cree que esto le ayudará, trate de no aceptar citas o de no hablar por teléfono cuando no piense que tenga que hacerlo. Le tiene que dejar claro a su tía Antoñita que no puede hablar a media mañana solo por el hecho de que usted no tenga jefe. Cultive el «no» también con tía Antoñita.

Y para acabar, una reflexión. El hecho de que aprenda a decir que «no» cuando tenga que hacerlo, no le convertirá en una persona menos popular. Tampoco reducirá su nivel de trabajo. De hecho, es posible que suceda todo lo contrario. Atrévase a probarlo. Atrévase, también en esto, a experimentar y, si es el caso, a equivocarse.

El legado de Deming
Error 35. No aplicar el principio de la mejora constante

> Cierta vez le preguntaron a Einstein cuál consideraba que era la principal diferencia entre su inteligencia y la de otras personas. Einstein contestó: «Cuando la mayoría de la gente busca una aguja en un pajar, se detienen una vez que la han encontrado. Pero yo seguiré buscando hasta descubrir si puedo encontrar una segunda, una tercera y, tal vez, con mucha suerte, una cuarta o una quinta aguja».

¿Se ha parado a pensar alguna vez cómo aprenden los niños a desenvolverse en el mundo? Una de las principales maneras que tienen de hacerlo es copiando a sus padres y madres. Observan cómo hacen las cosas, y las hacen, no sabemos si afortunada o desafortunadamente, de una forma muy parecida. Es decir, copian de quienes tienen a su alrededor. Le propongo que haga lo mismo, pero seleccionando a las personas a las que vaya a copiar.

Lo que yo hago, y lo que le invito a hacer, es exactamente lo mismo pero con aquellos profesionales a los que patentemente les marcha bien. Una actitud que he observado que comparten todas las personas a las que les va bien es aplicar el principio de mejora constante. Independientemente de que sepan o no que se llama así.

La idea de la mejora constante es sencilla: si algo ya funciona bien, estupendo. Ahora pasamos a pensar cómo podemos mejorarlo.

De hecho, estoy seguro de que muchas de las personas que aplican este principio ni siquiera habrán oído hablar de Edgard Deming, padre de la calidad tal y como la entendemos hoy en día. Deming fue invitado por los japoneses, donde sus ideas tuvieron una profunda aceptación. Parte de lo que hoy en día es Japón se debe a Deming. Le resultará fácil encontrar los catorce puntos de Deming para la gestión en Internet y le recomiendo que los lea. Seguro que extrae alguna idea para su caso particular, pero el que más nos interesa aquí es el primero: *Crear constancia en la mejora de productos y servicios.*

Es un error, y de los graves, no pensar continuamente cómo podemos mejorar algo que ya está funcionando porque cuando esto sucede se están perdiendo oportunidades, dinero o clientes, pero, sobre todo, el exquisito placer de saber que estamos haciendo las cosas mejor cada día. No hay nada más satisfactorio que saber que uno está siendo excelente, es decir, siendo lo mejor que puede en cada momento y en cada situación de la vida. La mejora constante es una forma de vida. Y es adictiva. Si empieza a aplicarla comprobará que acabará por afectar a todos los campos de su vida.

La gran enseñanza de Superman: escape de la cryptonita

Error 36. No eliminar los sumideros de energía

La mayoría de las personas gastan más tiempo y energías
en hablar de los problemas que en afrontarlos.

[Henry Ford]

Si ha visto o leído Superman seguro que conoce la cryptonita. Entonces ya sabe lo que es un sumidero de energía.

Superman es capaz de hacer las mayores proezas y hazañas sin que nada ni nadie pueda detenerlo. Solo hay una cosa que puede frenarle: la cryptonita. Cuando Superman se acerca a esta su poder innato disminuye. ¿Le sorprende si le digo que usted es como Superman y lo que le sucede es que está rodeado de cryptonitas? Vamos a identificar algunas de ellas para que pueda eliminarlas, recuperar su energía natural y ser como Superman.

Algunas de las personas con las que se relaciona, de los alimentos que toma y de las actividades que normalmente desarrolla son sumideros de energía.

Le sientan tan mal como la cryptonita a Superman. Un sumidero de energía es algo que le deja sin fuerzas, sin ganas de emprender nuevas actividades. Es cualquier cosa que le resta parte de su poder innato para sacar ideas adelante. Todos estamos rodeados de cryptonitas. El problema es que no estamos entrenados para detectarlas.

La idea, claro, va a ser eliminar estos sumideros de energía. Tiene que huir de ellos como el diablo lo hace del agua bendita. Si no está rebosante de energía y de vitalidad no podrá sacar su trabajo adelante. Tampoco el resto de los aspectos de su vida.

Cuando una persona tiene un problema, sucede con frecuencia que lo que desea es solucionar no tanto este como sus síntomas. A alguien le duele el estómago y en lugar de preguntarse los motivos que le han podido ocasionar el dolor, lo que hace es tomarse una pastilla. Y esta dinámica simplista es la que aplicamos a todos los aspectos de nuestra vida. Por eso a veces tengo clientes que me dicen que quieren mejorar su negocio o su trabajo porque allí tienen problemas [los síntomas], pero no quieren tocar ningún otro aspecto de su vida. Y así es imposible. Somos seres holísticos y eso supone que un cambio en una parte afecta a todas las demás de la misma manera que un problema en una de las partes afectará a las demás.

Es como si a alguien le doliera la cabeza porque tiene resaca y en lugar de dejar de beber alcohol, redoblara la cantidad de aspirinas que toma cada mañana. Es de locos.

Una de las mejores maneras que se me ocurren de que una persona tenga éxito en las diferentes áreas de su vida es disponer de toda su energía al cien por cien. La cuestión, por tanto, va a consistir en suprimir todo aquello que le esté restando energía, sea lo que sea. ¿Está dispuesto a ello o prefiere solo eliminar el síntoma?

— **Tomar decisiones en el momento.** Uno de los mayores sumideros energéticos que conozco en lo laboral es postergar la toma de decisiones. Un emprendedor debe especializarse en tomar decisiones con agilidad y criterio. Si es usted una de esas personas que no decide en el momento qué va a hacer, debe saber que eso le resta una energía valiosísima que podría estar destinando a cualquier otro asunto. Cuando le llamen, le llegue un correo electrónico o le pidan u ofrezcan algo, tome por costumbre decidir siempre en el momento. ¡Qué respiro!

Si esto no le resulta posible porque tiene que hablar con otra persona o porque debe consultar algo, hágalo lo antes posible. Si posterga cosas, acabará por tener una montaña de cuestiones por resolver. Hágalo o no lo haga, pero decida lo antes posible.

En el fondo este capítulo se puede resumir en una línea: hágalo o no lo haga. Eso es todo. No dude. Arriésguese a equivocarse.

Deje de decir «tengo que...». Si tiene intención de hacer algo, póngale fecha en el calendario o hágalo en el momento, pero deje de echarse cuestiones a la espalda que finalmente luego no hará o tardará demasiado en hacer. Restan demasiada energía que podría estar empleando en cualquier otra cosa. Es agotador.

Cuando le llegue un *e-mail*, una llamada o un encargo, instantáneamente acostúmbrese a tomar una decisión, que puede ser:

—hacerlo en el momento,
—decidir no hacerlo nunca,
—postergarlo por una razón justificada y ponerle una nueva fecha a la decisión,
—delegarlo en otra persona.

Esta práctica la aprendí de la persona con la que yo descubrí el *coaching*. Él sabía que tomar decisiones en el momento es una de las mejores maneras conocidas de estar siempre rebosante de vitalidad. De hecho, él lo estaba. Trabajábamos juntos en una empresa pública dependiente de un gobierno municipal de Londres y durante aquel tiempo fueron muchas las propuestas que discutimos para mejorar el servicio que prestábamos a las empresas clientes de la organización. Lo que no dejó de sorprenderme ni un solo día en todo el tiempo que pasé allí fue la agilidad con la que siempre tomaba la decisión al respecto de qué hacer como jefe de su organización. Siempre era o de manera instantánea o en cuestión de horas. Lo que a veces llevaba incluso varias llamadas se acababa por solucionar de manera podríamos decir casi que inmediata. Se hacía o no se hacía. Punto. Fascinante. Desde entonces, y ya hace tiempo de esto, actúo siempre que puedo así. Es tan tranquilizador. Me sienta tan bien…

Por cierto, si decide adoptar este enfoque seriamente, pronto comprobará que se verá obligado a decir que «no» con cierta frecuencia. Permítase el lujo de hacerlo. Sea travieso y diga que «no». Quítese de en medio actividades que no le llevan a ninguna parte. Respete sus objetivos. Sea selectivo. Hágalo o no lo haga. Aprenda a decir que «no». ¡Qué gozada! Ahorrará una gran cantidad de energía que podrá emplear en lo que realmente desea.

Hágalo o no lo haga. Ahí está el meollo.

Mi propuesta es que elimine todos los sumideros de energía con los que tiene que lidiar cada día. Algunos solo los conoce usted, otros son comunes a casi todas las personas. Otros muchos van apareciendo a lo largo de la vida y hay que entrenarse para detectarlos según vayan apareciendo:

— **Elimine objetos y tareas pendientes de realización de su vida.** Revise el capítulo 9 donde hablábamos de este ejercicio.

— **Alcohol y tabaco.** No le digo nada nuevo, pero si supiera lo destructivos que son realmente y el esfuerzo que supone para su organismo eliminarlos y procesarlos, quizá querría replantearse su relación con ellos.

— **Mala alimentación.** La mayoría de nuestro cuerpo es agua. Por eso es recomendable tomar alimentos ricos en agua y que además suelen ser los que la naturaleza nos regala de forma abundante. Un pastel rico en azúcares puede estar todo lo sabroso que usted quiera pero no es algo que la naturaleza ponga al alcance de la mano de manera sencilla. Todo lo que necesita para vivir lo podrá encontrar en frutas, verduras, legumbres y frutos secos si los combina de forma apropiada. Personalmente, lo que hago es tomar solo de manera muy excepcional otro tipo de alimentos. De esa manera sé que no me resultan dañinos y los disfruto. Una mala alimentación es una de las prácticas más destructivas y sobre la que menos conciencia se tiene normalmente.

Puede arreglar todos los aspectos de su vida, pero como se olvide de la alimentación, todo lo demás no funcionará o acabará por no hacerlo.

Una mala comida le mantendrá el estómago toda la tarde funcionando sin ninguna necesidad. Y esta práctica, llevada a cabo con regularidad, le irá desgastando. Coma con inteligencia. Hay cientos de libros que podrán ayudarle a encontrar una manera más sensata de alimentarse. Como regla general le recuerdo el principio de Hipócrates: *Que el alimento sea tu medicina y que tu medicina sea tu alimento.* Para mí, comenzar a alimentarme bien ha sido una de las mejores maneras que he encontrado de estar siempre rebosante de energía. Y notará la diferencia solo con eliminar de su dieta durante un tiempo las sustancias tóxicas que le están minando.

—No decir lo que tiene que decir en el momento. Si tiene algo que decirle a alguien, hágalo. No lo deje para mañana. Encuentre el momento. Si no lo encuentra, cree el momento y dígaselo. De manera respetuosa pero hágalo. No se permita el innecesario lujo de mantener conversaciones consigo mismo. Son un brillante sumidero de energía. No se guarde cosas que le desgastan. Si alguien le ha hecho o le ha dicho algo que le ha molestado, dígalo. La mejor manera que se conoce de no tener cuentas pendientes es decir las cosas en el momento, cuando aún no han crecido. En el momento resulta fácil y además evita que las cosas crezcan.

— **Las habladurías, los cotilleos y hablar de terceros sin que estén delante.** Elimínelos inmediatamente. Un proverbio árabe afirma: *Hable solamente cuando esté seguro de que lo que va a decir es más bello que el silencio.* Criticar a otras personas sin que estén delante no es más bello que el silencio. Minará su energía, así como la confianza que los otros depositan en usted; si habla de terceros en su ausencia, su interlocutor pensará que quizá haga lo mismo cuando él no esté delante. Y lo pensará con razón.

Aunque piense que no puede cambiar su vida de manera radical y empezar a hacer o dejar de hacer muchas de las cosas de las que hablamos aquí, ha de saber que, con el mero hecho de prestar atención a las acciones que hace o deja de hacer, ya está, de alguna manera, cambiando. El principio de indeterminación de Heisenberg ofrece un nuevo paradigma científico: no se puede observar algo sin implicarse. Las cosas no existen hasta que se observan. Es decir, el suceso no ocurre al margen del espectador y la mera observación influye sobre el desenlace de lo observado.

Dedíquele un tiempo a reflexionar sobre ello porque podría cambiar su vida. Apasionante.

Por ello, aunque a priori haya cosas que no cambie, el mero hecho de prestarles atención, acabará por cambiar el desenlace de las mismas. Los pensamientos son las semillas de las acciones. Si usted piensa de una manera y piensa que algo es lo correcto, acabará por comportarse, antes o después de esa manera. Si no, acabará por cambiar su manera de pensar. Pero no se puede funcionar de una manera y pensar de otra por tiempo indefinido.

En otra parte del libro, hablábamos de las consecuencias inesperadas de ciertas acciones. Cuando pruebe las propuestas de este capítulo, comprobará que son muchos los cambios que se producen en otros aspectos de su vida. No hay ningún cambio que sea pequeño porque cualquier pequeño cambio afectará siempre a otros aspectos de su vida. Es el efecto mariposa. Una pequeña victoria atrae otras más grandes porque, al igual que la mala suerte llama a la mala suerte, el éxito llama al éxito.

Empiece por una pequeña victoria y deje que las más grandes llamen a su puerta. Lo harán.

Jugar a ser usted de mayor

Error 37. No dar la apariencia de estar siempre ocupado

> Creyendo apasionadamente en algo que aún no existe, lo creamos.
> Lo que no existe es aquello que no hemos deseado lo suficiente.
> [Pintada encontrada en Leicester Square, Londres, 2008]

En el libro *La danza de la realidad,* Jodorowsky cuenta cómo su padre, con el fin de atraer clientes a su tienda, situada en una calle llena de otras tiendas que ofrecían los mismos artículos que él, llenó su local con cajas de cartón de las que asomaban muestras de lo que contenían: una punta de calcetín, un pliegue de medias, un extremo de manga, etc. El negocio así parecía lleno de mercancía, lo que era falso porque las cajas, vacías, solo contenían el pedazo que asomaba. La lógica era la de que *la abundancia atrae al comprador: si el vendedor es próspero eso quiere decir que ofrece los mejores artículos.* Esta técnica le permitió conseguir clientes para su tienda.

Preste atención para ofrecer la impresión que necesita. El hábito, en contra de lo que dicen, sí que hace al monje. Compórtese como si ya hubiera logrado lo que desea. Esto le ayudará a conseguirlo. No me refiero a que engañe a nadie, por supuesto, pero sí a que haga pequeños juegos como el de esta anécdota. A que juegue a que ya está donde quiere estar. A sus clientes les encantará saber que usted está ocupado. Sucede lo mismo que con la seducción: las personas con pareja resultan por lo general más atractivas. Pues esto funciona de manera parecida. Si tiene mucho trabajo, le ofrecerán nuevos trabajos. Si apenas tiene, posiblemente le cueste más conseguir nuevos trabajos o clientes. El éxito llama al éxito como el fracaso llama al fracaso.

Este consejo, tal y como está formulado en el título, resultará de mayor utilidad para aquellos que están empezando su carrera que para aquellos que ya llevan tiempo funcionando, para quienes probablemente el problema sea lo contrario.

Sin embargo, la idea de fondo, nos resulta útil en cualquier caso: compórtese como si ya hubiese conseguido lo que desea, como si ya estuviese allí. Esto activa su capacidad de atraer hacia usted lo que desea conseguir. Es un poco mágico. Aunque le suene a broma, en el caso de que esté ansioso por conseguir ese encargo, porque está sin casi actividad en este momento, juegue a que no es fácil conseguir una cita con usted. Plantee a su interlocutor solo dos posibilidades: o el miércoles a última hora o el viernes a primera. Si no puede, mala suerte: ellos se lo pierden. Aunque afortunadamente ya no me hace falta, tengo que decir que hace años, cuando estaba empezando, este pequeño juego me resultó extremadamente útil: sobre todo porque me ayudó a visualizarme como me quería ver y porque aprendí a comportarme como debería hacerlo en el momento en el que esta situación llegase. Y llegó.

Hace poco trabajé con una *freelance* sobre qué podría hacer para que le fuese mejor en el aspecto económico de su actividad. Mi sugerencia fue que se diese de alta en autónomos y que pagase cada mes la cuota de la seguridad social. Le sugerí que se generase gastos. Sé que parece contradictorio generarse un gasto para aumentar el nivel de ingresos, pero en este caso se trataba precisamente de que adoptase un papel para que eso le ayudase a progresar hacia el lugar donde quería verse. La lógica es que al comportarse como si ya estuviera donde realmente deseaba, acabaría por atraer esas cosas. El hecho es que empezó a pagar su cuota de autónomos y poco después empezó a conseguir clientes. Mientras escribo esto han pasado apenas seis meses y ya tiene más trabajo del que puede abarcar por sí misma.

Hay diferentes maneras de aprender. Una de las más efectivas es el juego. Los niños cuando juegan no solo están pasando un rato divertido, sino que generalmente están entrenando conocimientos, aptitudes o actitudes que les resultarán de utilidad cuando sean mayores. Y mi propuesta es la misma: juegue a lo que quiere ser «de mayor». Da igual que eso sea estar ocupado o todo lo contrario. No importa: tiene soberana libertad para inventárselo, que para eso es usted emprendedor y responsable de su vida laboral.

Indiana Jones
y el sendero de dios
Error 38. No amar la incertidumbre

Puedes analizar el pasado,
pero tienes que diseñar el futuro.
[Edward De Bono]

Realizando las acciones sin apego,
el hombre alcanzará lo Supremo.
[Bhagavad Guita]

En la película *Indiana Jones y la última cruzada* hay una secuencia que expresa perfectamente la idea principal de este capítulo. Indiana Jones se pasa toda la película buscando a su padre, que a su vez lleva toda su vida investigando sobre el Santo Grial. Cuando al final ambos consiguen encontrar el lugar donde se encuentra el Grial, Indiana debe superar aún tres pruebas más para tener acceso a este. La última de estas tres pruebas se llama «El sendero de Dios». La prueba consiste en llegar al otro lado de un cañón de gran profundidad, que es sencillamente imposible de cruzar. Indiana duda. De hecho tiene un momento de duda y afirma: *Es imposible; nadie podría saltar esto.* Sin embargo, pronto se da cuenta de que se trata de un salto de fe. Su padre le dice: *tienes que creer, hijo, tienes que creer*. Indiana se arriesga y aun pudiendo caer al abismo decide dar un paso sobre el vacío. Es una cuestión de fe. O se cree o no se cree. Al mismo tiempo que da el paso, un puente aparece sobre sus pies de la nada y gracias a este consigue cruzar el barranco abismal y llegar hasta el ansiado Grial.

Para los emprendedores, el Grial vendría a representar el lugar donde nos queremos ver, ese estado ideal al que deseamos llegar. Pero sin fe no se tiene acceso al Grial.

Si no tiene fe en que todo va a salir bien, no podrá cruzar nunca el precipicio y, sin cruzarlo, no obtendrá la recompensa: el ansiado grial que en la práctica es ese contrato que tanto ansía o no tener que trabajar los viernes o mejorar cualquier otro aspecto de su vida o lo que quiera que sea que usted desee.

De verdad, si no ama la incertidumbre, si no tiene fe en sus capacidades y en que las cosas van a salir bien aun cuando haya tanta niebla que no sea capaz de ver más allá de medio metro, si no tiene esta capacidad, está abocado a pasarlo realmente mal como emprendedor. De hecho, hay dos cualidades sin las cuales no podrá sobrevivir con éxito como emprendedor. Una es la de tener unas habilidades comerciales mínimas, una cierta inclinación hacia la venta. La otra es la de poder vivir tranquilamente con unos niveles de incertidumbre altos. Si no las tiene, debe entrenarlas. Si no las posee ni las entrena, su vida como emprendedor no tiene ningún futuro.

Los taoistas hablan de que tenemos que desvincular la acción del resultado de la misma. Y con que solo se llevase puesta esta idea cuando finalice la lectura de este libro, ya se llevaría mucho para su futuro como emprendedor. Lo importante es hacer cada pequeña cosa que haga lo mejor que pueda. Olvídese de los resultados concretos de esa acción. La vida es juguetona y transcurre por caminos insospechados. Usted haga las cosas bien y deje que las cosas sucedan. Comprobará que acaban por suceder. Quizá de manera diferente a cómo lo había deseado. Aunque, a veces, incluso mejor.

Pero en el caso de que no ame la incertidumbre, no podrá hacer lo anterior. Como emprendedor, antes o después habrá momentos en que las cosas irán mal, y entonces no tendrá un comité de empresa al que ir a protestar, un jefe a quien criticar o unos compañeros que tendrán la culpa de todo lo ocurrido. Solo le quedará usted. Usted solo. Es la soledad del emprendedor. Lo podrá compartir con quien quiera pero aun así tendrá que apechugar usted solo. Entienda esto bien si está pensando en meterse a emprendedor, porque hay personas que no soportan esta soledad. Solo se me ocurre decirle una cosa: confíe en sus posibilidades y en que, si ha hecho bien las cosas, los resultados acabarán por ser los adecuados. Lo que por cierto, insisto, no significa siempre los esperados.

Si usted no puede vivir tranquilo sin saber de qué va a comer dentro de seis meses, significa que usted no puede ser emprendedor. Le podría decir que redacte un currículo, que se prepare con un buen *coach* para superar con éxito entrevistas de trabajo y que se buscase un trabajo estable en una gran empresa. ¿A que lo ha oído alguna que otra vez? Pues bien, es mejor que alguien le diga ya que todo eso es una gran falacia. Aun cuando opte por esta opción, debe saber que los tiempos están cambiando y que formar parte de la plantilla de una empresa no le garantiza nada. Nada. Le podrán despedir, le pagarán cuarenta días por año trabajado en el mejor de los casos y se irá a la calle al día siguiente. Ya está. Las empresas se compran y se venden, los mercados cambian y la vida está en constante evolución. Hoy en día formar parte de una empresa no significa nada, porque esa empresa se podrá ir a pique incluso antes que su proyecto empresarial o le cambiarán el jefe o vaya usted a saber...

Una vez dicho lo anterior, no es menos cierto que, como emprendedor, su nivel de incertidumbre será aún mayor. Ahora bien, son tantas las cosas que obtendrá a cambio de soportar esta incertidumbre... Usted decide qué le compensa más, pero yo insisto en que, sin cierto amor a la incertidumbre, no se puede ni se debe ser emprendedor.

En el caso de que desee ganar más confianza en sí mismo o desarrollar la capacidad para enfrentarse a la incertidumbre, le invito a que asista a alguna de las conferencias o seminarios de Vivir sin jefe, donde a través de una serie de técnicas de aprendizaje de alto rendimiento modificaremos las creencias y las actitudes que le permitirán Vivir sin jefe con éxito.

La ventaja de una pendiente resbaladiza para los emprendores

Error 39. No saber el tiempo o los recursos que dedica a cada cliente

Para cada cosa, un sitio.
Cada cosa en su sitio.
[Dicho popular]

No sé cuál será su caso pero es probable que tenga la sensación de que trabaja demasiado. A lo mejor es todo lo contrario y lo que tiene es esa sensación descorazonadora de que se ha pasado el día o la semana y no ha hecho nada. Depende un poco de la personalidad de cada uno pero seguro que ha pasado por uno de estos dos estados.

Ahora bien, yo le pregunto: ¿Podría decirme cuánto tiempo le ha dedicado a cada uno de sus clientes en el último año? ¿O a cada una de las diferentes partes de su actividad en el último mes? ¿O a cada uno de los diferentes proyectos en los que ha estado involucrado? Y no me refiero de manera aproximada sino concreta.

Disponer de esta información constituye una herramienta de análisis valiosísima que le ayudará a tomar las decisiones correctas. También saber qué clientes le resultan más rentables y cuáles no y en qué cantidad, así como cuántos días trabaja al año, cuántas horas y en qué tareas está empleando su tiempo.

Siempre me ha sorprendido que la mayoría de los emprendedores llevan al día sus cuentas y saben, como es lógico, lo que han ganado y dejado de ganar. Sin embargo, cuando les pregunto cuántas horas han trabajado el año pasado se quedan mirándome con cara de Maggie Simpson. Cuando esta pregunta se refiere a cada uno de los proyectos, clientes o áreas de actividad concretos el desconcierto es aun mayor.

Una magnitud económica sin relación con el tiempo que le ha llevado generarla, no dice absolutamente nada.

Hace varios años que decidí computar diaria y sistemáticamente los tiempos que dedico en mi jornada a cada trabajo o proyecto. Lo que me permite dejarme de sensaciones, que tanta ayuda me prestan en otros campos de mi vida pero no en esto, y saber el tiempo que le dedico a cada cliente o proyecto. Y la información que obtengo es realmente útil. Para realizar esta operación le resultará de gran ayuda agrupar las tareas del mismo tipo, cliente o proyecto.

Computar diariamente en qué emplea su tiempo le ayudará:

—A saber hasta qué punto es rentable su actividad al ser consciente, lo que gana a la hora de media, pero lo que es más importante, con qué proyectos está obteniendo mayor beneficio económico y con cuáles menos. A estas alturas ya se habrá dado cuenta de que no seré yo quien sostenga que hay que trabajar solo por dinero, pero esto no es óbice para que entienda los entresijos de su trabajo.

—A optimizar toda su actividad económica. Lakoff emplea en su libro *Piensa en un elefante* un concepto que él aplica a la política pero que me encanta igualmente. Se llama *pendiente resbaladiza* y se refiere al efecto que tienen todas aquellas iniciativas que generan una repercusión que va más allá del campo concreto de aplicación de la misma. Pues bien, anotar diariamente en qué ha empleado su recurso más valioso, su tiempo, es una pendiente resbaladiza, y lo es porque tendrá repercusiones en muchos ámbitos de su actividad. Cuando lo haga, a lo mejor se da cuenta de que trabaja mucho menos de lo que creía y se lleva una alegría. O todo lo contrario y decidirá cambiar su actividad. Es posible que la repercusión derive de la constatación de que le está dedicando mucho tiempo a un cliente o proyecto y que desconocía esa información. Pero la mejor de todas es que se creará un hábito diario y como ya vimos en el capítulo 2, crearse un hábito diario es una de las mejores maneras de fortalecer su fuerza de voluntad y su capacidad de creer en usted mismo. El hecho de saber que, pase lo que pase, usted tiene la capacidad de anotar diariamente en qué ha empleado su tiempo laboral es una *pendiente resbaladiza* de primer orden.

Le resultará muy útil encontrar la manera de anotar esta información que mejor se adapte a su modelo de negocio. Dedíquele cierto tiempo a esto. En mi caso, por ejemplo, anoto por períodos de quince minutos, lo que me hace despreciar los restos de tiempo inferiores a esta cantidad. Aunque cuando sé que he despreciado varios de una misma actividad en una misma semana, los agrupo e incluyo una unidad más de quince minutos, o las que sean necesarias para ese proyecto o cliente.

La diferencia
entre *in time* y *on time*

Error 40. No llegar un rato antes a todas las citas

Para entender el valor de un año, pregúntale
a algún estudiante que repitió curso...
Para entender el valor de un mes, pregúntale a una
madre que alumbró a un bebé prematuro...
Para entender el valor de una semana,
pregúntale al editor de un semanario...
Para entender el valor de una hora, pregúntale a
los amantes que esperan para encontrarse...
Para entender el valor de un minuto,
pregúntale al viajero que perdió el tren...
Para entender el valor de un segundo,
pregúntale al que casi tuvo un accidente...
Para entender el valor de una milésima de segundo, pregúntale al
deportista que ganó una medalla de plata en las Olimpíadas...
[Leído en un correo electrónico de estos
que mandas a todos tus amig@s]

Todo el mundo puede retrasarse alguna vez pero usted no se lo puede permitir frecuentemente. ¿A que si hubiera sabido que la vida le iba en ello, habría sido capaz de llegar puntual a aquella cita a la que llegó tarde? El hecho es que la mayoría de las veces que alguien llega tarde lo que está queriendo decir es que ha priorizado otra actividad frente a aquella a la que llega tarde. No hay más. En el fondo no resulta tan complicado ser puntual. Puede que hubiera tráfico, de acuerdo, pero también podría haberlo previsto. En ocasiones hay causas de fuerza mayor que impiden que lleguemos puntuales, pero, en general, casi la totalidad de los retrasos son evitables.

—¿Por qué llegaste tarde?

—Por el tráfico.

—Entonces, hasta que no desaparezcan los coches de la faz de la Tierra siempre llegarás tarde ¿no?

Ser puntual, además de ser una cuestión básica de respeto hacia los demás, tiene varias ventajas. La primera es que no irá por el camino pensando qué va a decir para explicar su retraso, sino que irá tranquilo y podrá ir pensando en el objetivo de la reunión.

Ser puntual y llegar diez minutos antes de la cita le facilita revisar mentalmente los principales puntos de los que va a tratar su reunión o el trabajo o lo que sea que vaya a hacer. Además de que podrá empezar con tranquilidad. Piense ahora en cuando llega tarde y tiene que disculparse y empezar con prisa lo que tiene que hacer. Horrible, ¿verdad?

Ser puntual le permite a su vez verificar si la persona con la que se ha citado lo es. Si usted llega el último, no sabrá si la persona con la que ha quedado ha llegado también tarde, y esa, para mí, es una información valiosísima a la hora de trabajar con alguien.

Algo que tardé demasiado en aprender es que si me cito en varias reuniones seguidas, las probabilidades de llegar tarde a la segunda aumentan exponencialmente y se convierte en misión imposible llegar puntual a la tercera. Si tiene que ir a varias reuniones una detrás de otra, sea prudente y deje suficiente tiempo entre ellas.

Como emprendedor su marca personal va a ser igual o más importante que los productos o servicios que ofrezca, por eso ser puntual es imprescindible para construirse una buena reputación. La puntualidad, si es verdad eso de que no tendrá una segunda oportunidad para crear una primera buena impresión, es necesaria no solo para empezar las primeras reuniones de una relación sino cada una de las citas o reuniones con buen pie.

Me gustan las expresiones en inglés *in time* y *on time*. La primera hace alusión a llegar con tiempo suficiente mientras que la segunda alude a llegar puntual. Sin duda, es mejor llegar *in time*.

Y, para acabar, si usted es de los que siempre llegan tarde, pregúntese, por favor, si lo que está haciendo es dar a entender que tiene algún tipo de estatus superior o que es mejor que el resto de las personas con las que se ha citado. Suele ser una creencia que tienen habitualmente los que llegan tarde de manera sistemática.

¿Usted se pone en barbecho?

Error 41. No ponerse en barbecho o no tener tiempo

Pueden amar los locos, los pobres y hasta los falsos
pero no los hombres ocupados.
[John Donne]

El enemigo más peligroso de la alegría
es sin duda la excesiva valoración del minuto.
[Herman Hesse]

Una de las leyes de Murphy afirma: *Todo requiere más tiempo del que prevé.* De todos los errores que cometen por igual todos los emprendedores del planeta, quizá uno de los más comunes es el de no tener tiempo. Pero fíjese que más que no tener tiempo, yo diría que el error es gestionar el tiempo partiendo de dos premisas equivocadas. Estos errores de partida son los que les hacen ir todo el día corriendo.

—La primera premisa es pensar que el cálculo que hacemos que nos llevará una actividad se cumplirá. Esto es un error; siempre llevará más tiempo. ¿Quiere comprobar

Los cultivos necesitan barbecho para regenerarse. Los humanos también.

cómo todo el mundo está equivocado con esto? Pregúntele a alguien lo que tarda desde su casa hasta su trabajo o hasta la plaza principal del lugar donde vive. Luego haga usted el recorrido y verá que sistemáticamente el tiempo que le han dicho es inferior al real. De verdad, no falla. Desconozco el motivo, pero los humanos somos malos calculando tiempos. Téngalo en cuenta y deje más tiempo para cada actividad del que en principio piense que le va a llevar.

—La segunda es no dejar un tiempo para imprevistos. ¿Qué ocurre si le entran dos o tres llamadas de teléfono no previstas a lo largo de la mañana que le llevan en total una hora? Pues pasa que se va a tirar el resto del día corriendo para recuperar este tiempo. Sea cual sea la actividad que desarrolle, siempre pueden surgir, y de hecho surgen, imprevistos. Téngalo en cuenta. La calle puede estar atascada, el transporte público no funcionar, una persona a la que no esperaba llamarle con un problema de última hora...

Una de las mejores maneras de gestión del tiempo que se me ocurre es dejar un rato cada día para lo inesperado. Incluso, ¿por qué no? Una mañana a la semana. Yo sé que según lee esto quizá está pensando que es una locura, que en la práctica no se puede llevar a cabo. Si ha seguido algunos de los consejos de este libro, comprobará que sí que es posible. Ganará tiempo si se dedica a lo que tiene que dedicarse, si elimina los sumideros de energía y si centra sus energías en lo que tiene que centrarlas. Mi consejo: deje un tiempo para los imprevistos y se evitará tener que ir siempre corriendo.

Y hablando de tiempo. ¿Qué mejor que tomarse un tiempo sabático de vez en cuando para regenerarse? Piense en el ejemplo que nos ofrecen las huertas. Cada cierto tiempo necesitan un período en barbecho para seguir regalándonos sus productos.

Tomarse un tiempo sabático de vez en cuando es casi, me atrevería a decir, imprescindible. El tiempo, eso sí, un día o un año, lo decide usted. De la misma manera que si tiene una huerta no puede tenerla siempre produciendo —porque, si lo hace, la calidad de los productos disminuirá— a usted le sucede lo mismo: no puede estar produciendo todo el tiempo. Si en este momento no puede o simplemente no le apetece dejar de trabajar por un año, aproveche al menos un par de veces al año para bajar el ritmo. Seguro que puede hacer esto por breves períodos. Casi todas las actividades gozan de cierta estacionalidad, de momentos del año en los que hay más trabajo y de otros en los que hay menos. Aproveche los momentos en los que hay menos para descansar, para tener tiempo, para ponerse, digámoslo así, en barbecho.

¿Pensamiento lateral o pensamiento vertical?

Error 42. No dedicar tiempo a reciclarse

Los problemas significativos no se pueden resolver
en el mismo nivel de pensamiento que teníamos al crearlos.

[Einstein]

La gran finalidad de la vida no es el conocimiento sino la acción.

[Thomas Henry Huxley]

El protagonista de la fabulosa *Atrápame si puedes,* de Steven Spielberg, es un impostor que se hace pasar por piloto de aviones, médico, abogado y no sé cuántas cosas más. Uno de los motivos por los que puede interpretar impunemente esta farsa es porque «se recicla» continuamente. ¿Quiere ser piloto de aviones? Pues consigue entrevistar a un directivo de una compañía y le pregunta todo lo que necesita. Cuando consigue la información le resulta mucho más fácil interpretar su papel de piloto. Cuando ejerce de médico lo que hace es ver documentales que le permiten acceder a los conocimientos mínimos sobre la materia. El protagonista, además de un farsante, es una persona que comprende el valor de la información. Por eso puede hacer lo que hace. Reciclarse constantemente es la clave de su éxito.

Cada época de la historia ha exigido a las personas que la habitaban algún tipo de especialización. Si hubiera nacido en la época de las cavernas, necesitaría para sobrevivir saber cazar y dar mamporrazos a los vecinos de las tribus vecinas que osaran meterse con su clan. Si viviera en los años veinte, quizá le bastaría con leer y escribir para buscarse las castañas. Y si supiera escribir a máquina, triunfaría de lleno.

Cada momento histórico ha exigido a sus moradores determinados conocimientos y aptitudes y, aquellos seres humanos que mejor lo han entendido o se han adaptado a ello han vivido mejor. Pues bien, en el siglo XXI, es la posesión de la información y cómo se emplea esta la principal ventaja competitiva que diferencia a unas personas de otras. Pero sobre todo cómo se emplea la información.

No gana el que tiene la cachiporra más grande, tampoco el que trabaja más tiempo y mucho menos el que más sabe. Nada de eso. Vence el que tiene la información adecuada y además la utiliza. No hay más.

Un cura va conduciendo y ve a una monja parada al borde de la carretera. El cura se ofrece para llevarla hasta el pueblo más cercano. Lo monja se sube al coche y al sentarse, su hábito se abre un poco y deja ver una hermosa pierna. Cuando el cura lo advierte, se despista y casi provoca un accidente. Consigue con-

trolar el coche, aunque no resiste la tentación y pone la mano en la pierna de ella. La monja mira al cura y le dice:

—Padre, recuerde el salmo 129.

El cura retira entonces la mano y pide disculpas. Pero pasados unos minutos, la mano pasa de nuevo de la palanca de cambios a la rodilla de la monja.

—Padre, recuerde el salmo 129.

El cura retira la mano y trata de disculparse. Llegan a su destino, la monja se baja del vehículo y el cura corre a ver lo que dice el salmo 129.

Salmo 129: «Sigue adelante e inténtalo. Alcanzarás la gloria».

Estar informado sobre los temas relativos a su trabajo le evitará perder grandes oportunidades.

Y atención a esto porque los que juegan sin conocer las reglas no tienen posibilidades de obtener un buen resultado. Ser habitante del siglo XXI supone que tiene que actualizarse todo el tiempo. Supone que tiene que jugar con información y que tiene que saber usarla. Da igual si estudió su profesión o si ya hizo un curso el año pasado. Los conocimientos cambian constantemente y por eso tiene que ponerse al día cada poco tiempo y si es a menudo, mejor que mejor. Si esto se aplica para todo el mundo, es especialmente importante para aquellos que gestionan sistemas económicos. Y usted, si es emprendedor, gestiona uno.

¿Qué tiene que hacer entonces? Pues sencillamente conseguir esa información. Hay dos maneras de hacerlo: a través de otras personas (recuerde lo que decíamos acerca del *networking*) y dedicando un tiempo a actualizarse.

Incluya en su planificación anual o semestral un tiempo para reciclarse, para hacer algún curso, para leer. Ya, ya sé que no tiene tiempo, pero reciclarse es una de las mejores maneras conocidas hasta el momento de tomar ideas nuevas para, entre otras cosas, mejorar el desempeño de su trabajo para tener, precisamente, más tiempo. Si no lo hace se moverá siempre con las mismas ideas y eso será el principio de su fin. Recuerde que la idea adecuada en el momento justo puede cambiar su vida por completo. Escoja en cada momento el libro, revista, curso o taller que más falta le haga, pero haga algo para cambiar de punto de vista, leer cosas nuevas, escuchar a otras personas en charlas o conferencias. Para tomar decisiones es imprescindible tener la información correcta, pero sobre todo un cerebro flexible. De acuerdo que para tomar decisiones se necesita, además, intuición y capacidad de ponerse en acción, pero la información es la base sobre la que se sostiene lo anterior. De ahí la importancia de reciclarse.

Para mí, una de las partes más divertidas de mi reciclaje consiste en perderme de vez en cuando una tarde en una buena librería. Y cuando digo perderme, me refiero a visitar no solo las estanterías relacionadas con mis áreas de interés sino a darme una vuelta por otros estantes. El mero hecho de hacerlo, aunque a veces no compre nada, me ayuda a generar nuevas ideas y a descubrir nuevos marcos de referencia para comprender la realidad.

La especialización nos está llevando a convertirnos cada vez más en personas menos globales, menos universales. Cada vez tenemos que dedicar más tiempo a obtener más información para trabajar en parcelas cada vez más pequeñas del conocimiento y, al no estar en contacto con otras fuentes, resulta cada vez más difícil que se active el pensamiento lateral.

Uno de los autores más reconocidos sobre creatividad es De Bono. Uno de sus conceptos estrella es el de «pensamiento lateral», que es el pensamiento creativo que desorganiza la secuencia lógica para llegar a la solución desde otro ángulo, frente al pensamiento vertical, que es el pensamiento lógico. De Bono afirma que ambos son necesarios; con el lateral creamos ideas nuevas mientras que con el vertical analizamos estas y tomamos las decisiones. Pasear por bibliotecas o librerías o navegar por Internet activa el pensamiento lateral. Quizá encuentre la solución a lo que busca ojeando libros, revistas o periódicos. A mí, de hecho, me ocurre a menudo.

Si está pensando en hacer algún curso de formación, debe saber que en España, como trabajador, ya sea autónomo, trabaje por cuenta ajena o esté en paro, puede optar a una amplia oferta de cursos que para el que los recibe son de carácter gratuito. Infórmese y aproveche esta oportunidad.

El curso de formación de un *american gangster*

Error 43. No cultivar los valores clave para ser emprendedor

> Cuando seas activo, muestra inactividad.
> Cuando estés cerca, haz creer que estás lejos.
> Cuando estés lejos, haz creer que estás cerca.
> [*El arte de la guerra*, Sun Tzu]

Soy consciente de la aparente contradicción que supone empezar un capítulo sobre los valores con una película de mafiosos, sin embargo, merece la pena el atrevimiento. Hay un momento de la película *American Gangster*, de Ridley Scott, en el que su protagonista, mientras enseña a su familia cómo hay que gestionar el negocio, les dice que lo único que se necesita es *honestidad, integridad y trabajo duro*.

No puedo estar más de acuerdo. Sin embargo, me permito añadir otros dos valores: la generosidad y la atención al detalle.

Si desea que su sistema económico, sea solo usted o tenga detrás una organización, perdure en el tiempo y tenga éxito debe cultivar unos valores que le permitan conducirse con acierto en la vida. Como humanos, y aún más como emprendedores, nos vemos en la obligación de tomar decisiones cada día de nuestra vida. La mejor manera de tomarlas, para mí, es hacerlo orientados por nuestros objetivos pero sobre todo por nuestros valores.

Para mí, son cinco los valores clave que me orientan como humano y como emprendedor.

La **honestidad**, porque permite que mi palabra tenga fuerza y que las personas con las que me relaciono sepan que pueden confiar en mí. Y esto es esencial. Ya hemos hablado de esto en el capítulo 11 pero insisto: la confianza es consecuencia de la honestidad y de la integridad. La honestidad es el cimiento sobre el que poco a poco se construye la confianza. No hay atajos. Y sin confianza no hay negocios.

La **integridad** por el mismo motivo. Ser íntegro es una garantía ante uno mismo y ante los demás frente a las adversidades de la vida. Siendo íntegros damos ejemplo a los demás y a nosotros mismos. La integridad supone satisfacer las expectativas. Las explícitas y las implícitas, que también las hay. Las personas íntegras son un referente, no son veletas que giran con el viento según de donde venga este. Ser íntegro es no fallarse a uno mismo. Y eso es, entre otras muchas cosas, enormemente tranquilizador.

El tercero que mencionan en *American Gangster* es el **trabajo duro**. Me permito matizar y apuntar: **trabajo constante**. Rinde más frutos la constancia que el trabajo duro. Si usted se propone hoy ser bueno en algo o lograr determinado objetivo, puede que no lo consiga mañana, puede que no lo consiga dentro de un año, puede que no lo consiga en cinco años, pero si de verdad se lo propone, es casi seguro que acabará por conseguirlo.

Para mí, otro valor es la **generosidad**. Cuanto más doy, más tengo. Lo que doy, me lo doy y lo que no doy, me lo quito. En todos los aspectos de la vida. También en el laboral. Hago todo lo posible para que en cualquier trabajo que realizo todo el mundo que participe acabe contento y deseando que se genere otra oportunidad de trabajar juntos de nuevo. Este principio es la garantía para que los trabajos acaben bien hechos y para que las personas estén felices a mi alrededor. Es tan contagiosa la felicidad que no me quiero privar ni a mí ni a los demás de su disfrute.

La **atención al detalle** me parece igualmente fundamental. Tuve la oportunidad de trabajar con un alemán que siempre que venía al caso me decía: «el diablo está en los detalles». Me explicó que era un proverbio alemán. Me parece una de las frases más lúcidas que he escuchado. La vida está en las cosas pequeñas. Estando atento a las pequeñas cosas, la vida se abre porque esta está del lado de los que prestan atención al detalle. Prestar atención al detalle es mirar la cara de las personas con las que habla, observar lo que hacen y dejan de hacer, estar atento a las cosas que cambian en su ciudad y los detalles que nadie ha observado antes. También es recordar las fechas importantes, los gustos de sus familiares y amigos, los apellidos de sus conocidos. Es revisar los correos electrónicos y los documentos antes de mandarlos. Es darse cuenta de que lo grande está en lo pequeño.

Un solo símbolo para dos palabras
Error 44. No aprender de los errores

Si no te equivocas de vez en cuando
es que no estás aprovechando todas las oportunidades.
[Woody Allen]

La experiencia no es lo que nos sucede
sino lo que hacemos con lo que nos sucede.
[Huxley]

Las dos herramientas más importantes
en el estudio de un arquitecto son la goma de borrar en el estudio
y el martillo de demolición en la propia obra.
[Frank Lloyd Wright]

Los pedagogos afirman que la palabra que más oye una persona en sus primeros años de vida es «no». Trágico y revelador. Luego crecemos un poco y la situación no mejora: nos llevan a un lugar donde en teoría vamos a aprender. Se llama colegio y lo mejor que se les ocurre hacer allí es premiar a sus alumnos cuando aciertan y castigarlos y culpabilizarlos cuando fallan. De locos. Lo hacen de buena fe, pero están equivocados. En el colegio, como en la Universidad, deberían premiarse no los resultados, sino la actitud o los procedimientos. Deberían no enseñarnos tanto conocimientos como el interés por aprender y la manera de hacerlo. Lo grave del asunto es que años más tarde, aún son bastantes los que siguen sin tener clara esta idea.

El equívoco más grave que cometen estas instituciones y que lastra después a tantas personas durante toda su vida es que no nos enseñan a aprender. Cualquiera que tenga el más mínimo interés por mejorar en su vida y que haya reflexionado más de cinco minutos al respecto se habrá dado cuenta de que el error es de las mejores fuentes de aprendizaje. Benditos errores. De hecho se podría decir que no hay errores sino resultados. Lo que ocurre es que a veces son diferentes a lo que esperábamos.

Cuando cometa un error (y salvo que esté muerto o, lo que es lo mismo, no tome ninguna decisión) lo cometerá, saque algún aprendizaje de ello. Es preciso desdramatizar el error. Sea agradecido con la vida por la oportunidad que se le presenta y vea qué puede aprender. El error está desprestigiado, pero siempre aparece para enseñarnos algo. Aprovéchelo, escúchelo y siga caminando.

Por ejemplo, en 1981 Bill Gates afirmó que 640 Kb [de memoria] debían ser suficientes para cualquiera. El tiempo ha demostrado que estaba muy equivocado. Sin embargo hoy es una de las personas más ricas del mundo.

Los emprendedores están obligados a tomar decisiones continuamente. Esto puede provocar miedo al error, a la equivocación. No les tema: antes o después acabará por equivocarse. Da igual lo que haga, siempre ha sido y será así.

La cuestión no es equivocarse. Lo único que importa es qué hacemos con el error. El verdadero éxito no consiste en no tener errores. Si es emprendedor, toma decisiones, y cualquiera que toma decisiones se equivoca. La clave reside en ser capaz de convertir cada problema en una oportunidad. Para mí, ahí reside una de las llaves de la felicidad. También es importante comprender, y sé por experiencia que cuesta aprenderlo, que cualquier cosa tiene infinitas causas. Si algo va mal, aunque usted desee autoinculparse por ello, es seguro que habrá alguna causa que no es responsabilidad suya.

Y ahora una confesión: este libro nació tras un mes plagado de errores en la gestión de mi trabajo. Una vez tomadas las medidas adecuadas con cada una de las personas implicadas y de poner todo en orden de nuevo, me pregunté si esto le pasaba a todo el mundo o solo a mí. Así que empecé a investigar, a preguntar y me di cuenta de que no había prácticamente nada escrito al respecto. Empecé a hablar con unos y con otros y comprobé que todos los emprendedores tenían dificultades y que, además, solían ser, con frecuencia, las mismas. Algún tiempo después acabé este libro. Lo que importa no es lo que sucede, sino lo que hacemos después. Eso es lo único importante. Sin aquellos problemas, este libro no existiría. ¿Buena suerte o mala suerte? No nos hacen daño las cosas, sino la idea que tenemos de las cosas. No le dañan los errores, sino en todo caso lo que hace con ellos, lo que aprende o no de ellos y la actitud que toma ante ellos.

En chino la palabra problema y oportunidad comparten el mismo símbolo. No parecido; el mismo.

Por cierto, le resultará de gran ayuda saber cuáles son sus fortalezas y sus debilidades. Es especialmente importante conocer sus debilidades para poder evitar jugar en campo ajeno pero sobre todo conocer sus fortalezas para que pueda potenciarlas. Si potencia aquello en lo que ya es bueno, más aún viviendo en una sociedad que premia la especialización, llegará muy lejos.

Si es emprendedor, acabará por equivocarse. Esto es tan seguro como la muerte y los impuestos. La cuestión, por tanto, es qué hará después.

La potencia sin control no sirve de nada

Error 45. Trabajar más pero no mejor

> Somos lo que hacemos día a día.
> De modo que la excelencia no es un acto, sino un hábito.
> [Aristóteles]

Hace algunos años había un anuncio de neumáticos cuyo eslogan era «la potencia sin control no sirve de nada». Fantástico; parece haber sido redactado especialmente para los emprendedores.

A los emprendedores, que suelen ser personas con una alta motivación, les pasa a veces que se enfrascan en trabajar cada vez más para sacar adelante sus objetivos. He visto esto mil veces. Pero no hay que trabajar más. Hay que trabajar mejor. La potencia sin control no sirve de nada. Uno de los principales problemas que he visto en emprendedores es que no dedican un tiempo a pensar estratégicamente sobre su trabajo. Se dedican a más de lo mismo: «Si algo no funciona es porque no he probado suficientemente duro: trabajaré el doble de duro esta vez».

Si siempre hace lo mismo, siempre obtendrá los resultados que siempre ha obtenido. Sentido común puro y duro.

Esto me recuerda una historia que leí sobre un campeonato mundial de leñadores en un bonito libro que se llama *La magia de la metáfora*, de Nick Owen:

Un canadiense y un noruego quedaron finalistas. A cada uno se le adjudicó un sector del bosque. Aquel que talara más árboles tras ocho horas de competición sería el ganador.

Tras cincuenta minutos de aparente empate, el canadiense pudo oír cómo el hacha de su contrincante dejó de sonar, lo que aprovechó para redoblar sus esfuerzos. Diez minutos más tarde, a las nueve en punto, oyó que el noruego empezaba a talar otra vez. De nuevo parecía que iban talando intercambiándose golpe tras golpe hasta que a las diez menos diez el canadiense oyó que el noruego se detenía. El canadiense continuó, decidido a sacar el mayor partido posible de la debilidad de su adversario. A las diez en punto el noruego retomó la competición durante otros cincuenta minutos, momento en el que volvió a parar. El canadiense decidió entonces seguir con su ritmo regular y constante, seguro como estaba de que acabaría por ganar.

El resto del día transcurrió de la misma manera. Cuando el silbato señaló el final de la competición, el canadiense estaba absolutamente convencido de que había ganado la prueba.

La sorpresa fue que había perdido, así que le dijo al noruego: «Cada hora parabas durante diez minutos. ¿Cómo es posible que talaras más árboles que yo?». «Pues realmente es muy sencillo», contestó el noruego, «cada hora efectivamente paraba. Pero mientras tú seguías talando, yo me dedicaba a afilar el hacha».

Trabajar más, pero no mejor, no solo no sirve de nada, sino que en ocasiones puede ser contraproducente. Y este es uno de los errores que con mayor frecuencia cometen los emprendedores. ¿Sabe ya en qué área de su trabajo puede dejar de hacer más para hacer mejor?

Parte 5

Errores frecuentes
cuando dejamos de trabajar

¿Sabe ya cuál es «el secreto»?

Error 46. No crear mentalmente lo que desea

El pensamiento es la semilla de la acción.
[Ralph Waldo Emerson]

Trata a un hombre tal como es, y seguirá
siendo lo que es. Trata a un hombre como puede
y debe ser, y se convertirá en lo que puede y debe ser.
[Goethe]

Posiblemente ya lo conozca. Un libro llamado *El secreto* se ha convertido rápidamente en un *best-seller*. La razón es sencilla: explica de manera fácilmente comprensible algo que mucha gente ya intuía o sabía, pero a lo que a lo mejor no le había puesto palabras: lo que uno piensa se acaba antes o después materializando en la vida real. Puede ser duro o revelador pero ahí está. Devuelve la responsabilidad de lo que sucede a la persona. Para bien o para mal. Aunque si usted es emprendedor seguramente esto de la responsabilidad ya le resulte familiar. Además del libro le resultará muy fácil encontrar la película en Internet. Se la recomiendo.

Este libro y su película citan multitud de ejemplos y demostraciones de esta idea. Además proponen algún ejercicio interesante. De todos, el que más me gusta y que además he tomado prestado en mi vida personal es el que nos propone John Assaraf. John cuenta cómo empezó a crear lo que llamó «tablón imaginario», donde incorpora lo que quiere conseguir o atraer a su vida, desde un coche hasta el alma gemela de sus sueños. Lo que hizo fue poner este tablón en su oficina y cada día se visualizaría a sí mismo en el estado de haber logrado ya lo que deseaba.

John cuenta cómo durante los siguientes cinco años hizo tres mudanzas. Una mañana, en su nueva casa, después de haber hecho la mudanza, apareció su hijo, se sentó en una de las cajas que aún no había ordenado y le preguntó qué había en su interior. Contestó que sus tablones imaginarios. Cuando abrió la caja para enseñárselos a su hijo, pudo ver cómo la casa en la que estaba viviendo ahora la había puesto en su tablón unos años atrás.

La física cuántica está demostrando a través de multitud de experimentos cómo lo que pensamos tiene mucha más importancia de la que a priori podríamos concederle. Encontrarás algunos de ellos muy bien explicados en el libro *¿Y tú qué sabes?* Para mí su lectura ha sido apasionante y de hecho cambió mi manera de entender el mundo.

Y en cuanto a la aplicación en el día a día, que es lo que supongo que a usted le interesa, y por lo que he escrito este capítulo, le diré que las conversaciones que usted tiene consigo mismo tienen una importancia suprema.

Es importante que identifique las frases que se dice, las cosas que piensa y cómo se ve a usted mismo dentro de un tiempo.

Es un error no dedicar un tiempo a visualizarse a sí mismo en la situación en la que desea estar.

¿Sabía que las zonas del cerebro que se estimulan son exactamente las mismas cuando hacemos algo que cuando pensamos en ese mismo algo?

Fascinante. Como humanos, si aprendemos a hacerlo, somos capaces de mover una gran cantidad de energía a nuestro favor, somos capaces de ayudar a que las cosas sucedan. Yo no conozco todas las maneras de realizarlo pero si de una cosa estoy seguro es de que dedicar un rato de vez en cuando a visualizar aquello que deseo es una de las mejores formas que conozco de acercar lo que quiero hacia mí. Si desea un nuevo cliente o un nuevo coche o un nuevo estilo de vida, dedique todos los días un rato a visualizarlo con el máximo grado de detalle posible y espere los resultados. O mejor aún, créese su propio tablón imaginario. Es increíble la fuerza que pueden llegar a tener estas visualizaciones cuando al final de un día o de una semana que no haya ido todo lo bien que esperaba, le recuerden que usted se encuentra en un camino que va hacia alguna parte.

Su granito de arena

Error 47. No trabajar en un proyecto personal

Más vale morir en el campo de batalla
que una vida de derrota.

[Buda]

Lo peor no son los hombres malos
sino el silencio de los hombres buenos.

[Luther King]

Nadie es una isla, completo en sí mismo; cada hombre es un pedazo del continente, una parte de la tierra; si el mar se lleva una porción de tierra, toda Europa queda disminuida, como si fuera un promontorio, o la casa de uno de tus amigos, o la tuya propia. La muerte de cualquier hombre me disminuye, porque estoy ligado a la humanidad; por consiguiente nunca preguntes por quién doblan las campanas; doblan por ti.

[John Donne]

Trabajar por cuenta propia es trabajar siempre y a tiempo completo. Todos los días del año. Si ya lo hace, sabe de lo que hablo y si está pensando en iniciar este tipo de actividad, pronto se acordará de estas palabras.

De hecho, si se quiere meter a emprendedor para no tener que pensar en trabajo, de antemano le digo que esto no funciona así, que se está equivocando. El trabajo pasa a formar parte de la vida del emprendedor tanto que al final hay dos maneras de trabajar, cuando uno trabaja de hecho y otra en el modo *stand-by*, como la televisión, que aunque esté apagada, está medio encendida y lista para encenderse en cualquier momento. Quizá no dedicará muchas horas a trabajar en un sentido literal, pero prepárese para estar en el *stand-by* siempre.

La mayoría de los emprendedores tienen problemas para aprender a parar. Cuando se desarrolla una actividad motivadora, resulta difícil dejar de trabajar. Y aun cuando consiga dejar de hacerlo, dejar de pensar en ello a veces es incluso más difícil. Aunque coincido plenamente con Picasso cuando decía aquello de que *cuando trabajo descanso, lo que me fatiga es recibir visitas o no hacer nada*, no es menos cierto que parar, aunque solo sea un poco de vez en cuando, viene bien para obtener buenos rendimientos posteriormente.

Una brillante manera de salir un poco de todo esto es crear un proyecto personal que le motive. Algo que no tenga que ver con beneficios económicos. Algo que le estimule en sí mismo. Muchas personas disfrutan creando proyectos no lucrativos, que a la sazón les hacen sentirse mucho mejor. Además y paralelamente, esto puede ser una excelente manera de probar nuevos horizontes profesionales. Quizá hay alguna profesión que alguna vez hubiera deseado probar. Hágalo no como trabajo sino como voluntario. ¿Quiso ser presentador de televisión? Pues colabore en alguna cadena como voluntario o grabe su propio programa y emítalo o cuélguelo en Internet. ¿Le gusta la escultura? Pues empiece a preparar su primera exposición. A lo mejor quiere aprender a tocar la guitarra o fundar o colaborar en alguna asociación que trabaje a favor de la infancia. Los resultados no importan tanto como el hecho de que se atreva a hacerlo. Lo importante de este ejercicio es que encuentre o cree algún proyecto que le motive lo suficiente para trabajar en él sin remuneración. Algunas personas crean asociaciones u organizaciones no lucrativas que un tiempo más tarde se convierten en su medio de vida.

Para mí, por ejemplo, en este momento escribir es mi principal proyecto personal. Tengo algún otro, pero compartir con los demás lo que voy aprendiendo en la vida es la manera que tengo de sentirme bien al margen de mi trabajo profesional y con frecuencia me sirve de incentivo al final de mi jornada laboral.

Desarrollar un proyecto personal no relacionado con lo laboral le permitirá:

— Encontrar una manera de «descansar» de su trabajo al tener que centrar sus energías en otra tarea.
— Probar nuevas salidas profesionales que de otra forma no podría probar.
— Desarrollar algún talento que usted tiene y que su trabajo no le permite hacer florecer del todo.

—En función del proyecto que seleccione puede ser una bonita manera de poner su granito de arena para crear un mundo un poco mejor mientras, además, se lo pasa bien, conoce gente nueva con la que compartir intereses y descubre nuevas potencialidades.

Hay un libro precioso, que además de leerse en un asalto, le deja a uno con unas ganas tremendas de trabajar por un mundo mejor. Se llama *El hombre que plantaba árboles* y nos cuenta la historia de una persona que dedicó diez años de su vida a plantar semillas de árboles en una zona de Francia y cómo esta acción cambió para mejor toda la vida de esta región.

Además, trabajar en proyectos que busquen un mundo mejor tiene efectos que van más allá del ámbito concreto en el que estamos colaborando. Y esto, al menos para mí, resulta estimulante y me impulsa a seguir adelante.

Esta idea la explica muy bien el experimento que relata el libro y también documental cinematográfico *¿Y tú qué sabes?* que prueba que las acciones que llevamos a cabo tienen repercusiones que van más allá de nuestro ámbito concreto de actuación:

En Washington, la supuesta capital mundial del asesinato, en el verano de 1993 se llevó a cabo un gran experimento. Se reunieron cuatro mil voluntarios de más de cien países, para meditar simultáneamente durante extensos períodos del día. Se predijo con anterioridad que con un grupo tan grande, aquel verano la tasa de actos violentos descendería un 25 % en la capital. El jefe de la policía salió por la televisión diciendo: *Este verano en Washington tendrán que caer 60 cm de nieve para que la tasa de crímenes se reduzca un 25 %.* Pero, al final, el cuerpo policial acabó como colaborador y autor del estudio, porque los resultados demostraron que la tasa de criminalidad se había reducido un 25 %, y eso se podía prever basándose en cuarenta y ocho estudios previos hechos en una escala menor. Impresionante.

Aunque solo sea por este tipo de repercusiones, merecería la pena desarrollar algún proyecto personal.

Vida más allá de la vida laboral
Error 48. Hablar de trabajo todo el tiempo

> El que sabe no habla; el que habla no sabe.
> [Tao Te King]

> Manejar el silencio es más difícil
> que manejar la palabra.
> [Clemenceau]

Y lo que es aún peor: pensar todo el tiempo. Un periodista canadiense se ha hecho conocido por promover, en plena edad dorada de la competitividad, justamente lo contrario a lo que se estila. Se llama Carl Honoré. Su *Elogio de la lentitud* nos invita a vivir lentamente y se ha convertido en referencia del movimiento *slow* en más de veinticinco idiomas. Lo interesante de este libro es que invita a la reflexión sobre el modelo vital y laboral que predomina: el de hacer mil cosas y ser competitivos. Y esto le sucede cada día a millones de emprendedores. Se olvidan de que hay vida más allá de su trabajo. Están tan imbuidos en la velocidad y en el bullicio que olvidan que no pasa absolutamente nada por no trabajar en sábado o en domingo o por parar un rato para echarse la siesta.

La cuestión es que si usted gestiona su propio trabajo, este le parecerá tan interesante que otras cuestiones a las que antes prestaba atención, ahora le acabarán por parecer aburridísimas. Y claro, de lo que quiere hablar con su pareja, familia o amigos es de lo que tiene en la cabeza, de lo que a usted realmente le importa: de sus proyectos y de lo que se trae entre manos laboralmente. Y es aquí donde aparece el error en el que tan frecuentemente incurren muchos emprendedores: hablan demasiado de su trabajo. Y una de dos, o se sienten incomprendidos o aburren al personal. Puede que algunos no lo hagan pero entonces es probable que estén pensando en ello.

Cuando habla de trabajo con personas que no son emprendedoras, no comparten sus mismos presupuestos. A un emprendedor, por lo general, le encanta hablar de trabajo. A los que no lo son, les puede gustar o no, pero no lo encuentran normalmente apasionante. Por eso, notará que hablan de trabajo menos que usted.

Hablar de cuestiones de trabajo en casa o con amigos cercanos tiene otro inconveniente y es que, por lo general, van a estar de su lado siempre. Y claro, aunque a nivel terapéutico este apoyo es impagable, lo cierto es que esta no es la mejor manera de analizar los problemas con el fin de encontrar soluciones. Necesita otros foros.

Y el conflicto, en el caso de que las personas que le rodean no le apoyen o no se apasionen con lo que hace, está servido: puede que se acaben por cansar de charlar siempre de lo mismo.

Pero claro, es lo que al emprendedor le pasa por la cabeza, así que es de lo que va a hablar. La mejor solución a esto es que encuentre o cree un foro al margen de su familia y amigos con el que pueda comentar las cuestiones que le pasan por la cabeza de índole laboral. De esto ya hemos hablado en el capítulo 31, donde le he propuesto la creación de un club de cerebros y corazones para que pueda sentirse comprendido y donde pueda encontrar aliento y nuevas ideas para su proyecto personal. Y en el día a día, seguro que hay otras personas que están en su misma situación y que están encantadas de hablar con usted sobre trabajo. Pero, por favor, no aburra a los suyos ni se quede las cosas dentro. Ninguna de estas dos actitudes le beneficia a largo plazo.

Kevin Spacey, Jesucristo y el Dalai Lama están de acuerdo

Error 49. No devolver parte de lo que recibe

Los milagros nunca me han sorprendido,
lo que me sorprende es lo que les precede y lo que les sigue.
[Julio Cortázar]

Son tan perezosos para ayudarse a sí mismos
que quieren ayudar a los otros.
[Gurdjieff]

En la película *Cadena de favores*, un profesor de primaria interpretado por Kevin Spacey pide a sus alumnos que ideen una manera para cambiar el mundo. Uno de ellos «inventa» la progresión geométrica aplicada a los favores. Si una persona hace tres favores diferentes a tres personas y cada una de ellas hace otros tres favores a otras tres personas, ya son nueve las personas que reciben un favor. Cuando estas lo hagan a otras tres, serán 27, que, cuando decidan devolver el favor, lograrán que 81 personas reciban un favor, que a su vez lo devolverán a 243 personas... que llegarán a 729 y luego a 2.187, etc.

Todas las religiones del mundo invitan a lo mismo de una u otra manera: ayuda a los demás o al mundo a que vayan un poco mejor. A mí me parece de sentido común. Para empezar, porque ser egoísta no es inteligente. Si a los demás no les va bien, a usted tampoco le irá bien. Hace poco tuve la ocasión de comprenderlo en primera persona. Estuve en un país en el que, con calderilla europea, era prácticamente rico. A priori me iba bien. Solo fallaba una cosa: cada vez que salía a la calle o tomaba un taxi no sabía lo que podía ocurrir. Me quedo con mi ciudad en España, donde aunque no sea rico, sé que las posibilidades de llegar vivo a casa son realmente altas a cualquier hora del día. Para mí, eso es que a uno le vaya bien.

Si el hecho de que haya un montón de problemas por solucionar en el mundo no le parece suficiente razón, piense en que, salvo que no nos vaya bien a todos, a usted tampoco le irá bien. Creo que es un acierto dedicar una parte de los recursos temporales o económicos de los que disponga a lo largo del año a un proyecto que le haga sentir que pone su pequeño granito de arena para construir un mundo mejor.

Se estará ayudando a usted y estará ayudando a los demás. No tiene por qué ser mucho, pero piense lo diferente que sería el mundo si todo el mundo que puede hiciese lo mismo. Piense lo diferente que sería el mundo si cada uno hiciese tres favores. Seleccione una idea, un proyecto, invéntelo usted... lo que quiera, pero colabore con su pequeña aportación, al margen de los impuestos, para construir una sociedad mejor. Por cierto, no tiene por qué ser ayudar a alguien que está a diez mil kilómetros. Su propósito puede estar relacionado con su vecino de puerta.

De nuevo, los beneficios que esta pequeña acción acarreará en su desarrollo personal y profesional no se los puedo explicar. Tiene que experimentarlos. Y si decide hacerlo, en lo que a mí respecta, le doy las gracias de antemano por colaborar en la creación de un mundo mejor.

Sea agua, amigo mío

Error 50. Olvidar que es un juego y que hacemos esto por divertirnos

Un día en el que no sonrías es un día perdido.
[Charlie Chaplin]

La situación es preocupante pero no grave.
[Watzlawick]

Los mayores a veces nos ponemos demasiado serios. Es comprensible porque del resultado de nuestro trabajo depende directamente nuestro sustento y, en ocasiones, el de nuestra familia. Aun así, la mayoría de las veces no hay para tanto. En ocasiones el único problema es que nos tomamos demasiado en serio las cosas.

Y ese es precisamente el problema: se nos olvida que esto no es más que un juego y que, como en todos los juegos, a veces se gana y a veces se pierde. Pero no es más que eso: un juego.

A veces se pierde y eso forma parte de la vida. Si le van mal las cosas de vez en cuando, no es que usted sea un fracasado ni que le hayan echado mal de ojo. Es simplemente que a veces las cosas no salen como uno quisiera. Es cuestión de estadística. Aun así, confíe en la vida y tenga paciencia porque se encontrará gratas sorpresas incluso cuando las cosas no acaben con el resultado que usted esperaba.

Un anuncio de BMW hizo popular la entrevista que en 1971 concedió Bruce Lee al periodista Pierre Berton. En un momento, Bruce dice: *Vacía tu mente. Libérate de las formas, como el agua. Pon agua en una botella y será la botella. Ponla en una tetera y será una tetera. El agua puede fluir o puede golpear. Sé agua, amigo mío.* Me encantan estas palabras porque sintetizan la idea clave: fluir.

Si toca convertirse en botella, sea botella. Si toca convertirse en tetera, sea tetera. Fluir.

De hecho esta idea de fluir y comportarse como el agua ante los reveses de la vida la han recogido muchos textos a lo largo de la historia. Uno de ellos es *El arte de la guerra*, donde Sun Tzu afirma: *El agua configura su curso de acuerdo con la naturaleza del terreno sobre el que fluye; el soldado elabora su victoria en relación con el enemigo al que se enfrenta.*

El *Bhagavad Gita*, también se inspira en el agua: *El único hombre que alcanza la paz es aquel en el que todos los deseos entran de la misma manera que el agua entra en el océano, que permanece igual pese a que lo llenan aguas de todos los lados.*

Se trata de adaptarse pase lo que pase. Fíjese que no ganan siempre ni en las películas de negocios ambientadas en Wall Street. Asuma que está jugando y que a veces se gana y a veces se pierde. Sin dramas ni aspavientos. Ni cuando las cosas le vayan aparentemente bien, ni cuando le vayan aparentemente mal.

Una cosa es el dolor y otra diferente es el sufrimiento. El sufrimiento lo puede evitar. No le añada sufrimiento al dolor: no será reconocido como mártir, así que mejor no insista.

Por supuesto que se trata de minimizar el impacto de los malos momentos y de hacer todo lo posible por evitar su aparición, pero aun así llegará el momento en el que las dificultades acabarán por aparecer. Si cuando tenga problemas, es capaz de recordar y aplicar esto, comprobará que la manera de afrontarlos es diferente.

No nos hacen daño las cosas sino la idea que tenemos de las cosas.

Pero es que, además, resulta que muchas veces lo que consideramos un problema, acaba por no serlo. Un cuento de Anthony de Mello explica esta idea con una historia china:

Un anciano labrador tenía un viejo caballo para cultivar sus campos. Un día, el caballo escapó a las montañas. Cuando los vecinos del anciano labrador se acercaron para condolerse con él y lamentar su desgracia, el labrador les replicó: «¿Buena suerte? ¿Mala suerte? ¿Quién sabe?». Una semana después, el caballo volvió de las montañas trayendo consigo una manada de caballos. Entonces los vecinos felicitaron al labrador por su buena suerte. Este les respondió: «¿Buena suerte? ¿Mala suerte? ¿Quién sabe?». Cuando el hijo del labrador intentó domar uno de aquellos caballos salvajes, cayó y se rompió una pierna.

Todo el mundo consideró esto como una desgracia. No así el labrador, quien se limitó a decir: «¿Buena suerte? ¿Mala suerte? ¿Quién sabe?». Una semana más tarde, el ejército entró en el poblado y fueron reclutados todos los jóvenes que se encontraban en buenas condiciones. Cuando vieron al hijo del labrador con la pierna rota le dejaron tranquilo. ¿Había sido buena suerte? ¿Mala suerte? ¿Quién sabe?

Y antes de terminar, una de las ideas cuya comprensión, aunque me ha llevado tiempo, seguramente más me ha ayudado como persona: encuentre a qué quiere dedicarse. Haga todo lo que esté en su mano para conseguirlo y, después, por favor, olvídese del resultado. Para mí, la clave de todo reside en algo tan sencillo como olvidarse del resultado.

Lo mejor es divertirse por el camino. Cuanto menos tenso y expectante se encuentre ante la idea del resultado, más fácil le resultará obtener lo que quiere. Olvídese de los frutos. Seguro que ha observado que el que menos necesita el dinero es aquel a quien más negocios le ofrecen. La vida no funciona de manera lógica sino paradójica.

Puede parecer difícil jugar y olvidarse del resultado, pero la clave reside en comprender e interiorizar esta aparente contradicción. Poner todo lo que esté de su mano y olvidarse del resultado es una de las actitudes más inteligentes y eficaces que conozco para acercarse a los resultados que espera.

Es evidente que todo esto le resultará mucho más fácil si no depende solo del proyecto que se traiga entre manos para vivir. Si es así, llevará en la frente un cartel en el que pondrá «necesidad» y eso alejará las oportunidades. El hecho de hacer una actividad que le apasiona y que tiene intención de seguir haciendo independientemente de lo que pase, le ayudará a obtener los resultados deseados.

Pese a todo, a veces no se obtienen los resultados esperados. No hay más. Hay una conferencia de Fredy Kofman llamada «Vida, libertad y conciencia». La encontrará fácilmente en Internet. Se la recomiendo. Hay un momento de la conferencia en la que Kofman habla precisamente sobre esto: *Mi decisión y mi acción no pueden determinar el resultado. Hay una serie de factores exógenos que afectan a lo que va a terminar pasando. Supongan que voy a bailar y allí hay una chica con la que me gustaría bailar pero yo no puedo determinar el resultado. […] Lo que puedo hacer es ir e invitarla. Pero depende de ella aceptar o no y si no acepta me va a frustrar. […]. No importa lo bien que yo me comporte, el mundo puede ser desfavorable a mis intereses. […] Pero hay un éxito que va más allá del resultado. Es el éxito más allá del éxito, que es el éxito de actuar en integridad con mis valores. Y eso no depende de nadie […]. Yo tengo una garantía interior que me permite estar orgulloso de mí mismo porque me enorgullezco de mí mismo; no del resultado. Las cosas que quiero están sujetas a las decisiones de otras personas. Yo quiero comportarme de tal manera que, aunque pierda el partido, yo esté orgulloso.* Esta es una de las claves de la felicidad y del éxito. Si actúa de acuerdo con sus valores, siempre tendrá éxito. Tendrá éxito interior, pero este acaba por conducir a otros tipos de éxito antes o después. No hay nada más poderoso que una persona que sabe que ha hecho lo correcto y que sabe adónde se dirige.

Al comienzo de este libro le proponía un ejercicio. Aquel en el que le preguntaba: ¿Qué haría si tuviera todo el dinero del mundo para usted y para sus seres queridos? Hágalo si aún no lo ha hecho. Saber adónde se dirige le generará suficiente energía para atraer hacia usted las cosas que desea. Pero no se ponga tenso con el resultado. Lo importante es jugar.

Esto de ser emprendedor, como la vida, es un juego. Perfeccione su técnica todo lo que quiera y haga lo posible por participar en la partida que más desee jugar. Pero sobre todo, juegue limpio, aprenda y diviértase. Esto es lo más importante. Recuérdelo: solo es un juego. Nada más. ¡Aprenda las reglas y buena suerte!

Agradecimientos

Este libro no sería lo mismo sin todas aquellas personas con las que a lo largo de toda mi vida he compartido una parte del camino. Y cuando digo *todas*, me refiero a *todas*, porque cada persona con la que me he cruzado ha hecho que yo hoy sea lo que soy. Gracias.

Y en lo que tiene que ver con este libro sea lo que es, quiero dar las gracias… a Patricia Araque, por tus aportaciones sobre el primer borrador y porque la idea del libro surgió en una conversación contigo; a Noemí Cabezas, por tu inestimable ayuda y fe en el proyecto cuando empecé a mover el libro; a Rubén Chacón, porque tu disección del texto original enriqueció el libro; a Carlos Fernández, enciclopedia cinematográfica andante, por tu ayuda con algunas de las referencias a la gran pantalla; a Félix Fernández, lector incansable, porque tus comentarios me ayudaron a dar con el enfoque adecuado para el libro; a Hada García Cock, energía en estado puro, por tu ayuda para encontrar algunas de las referencias del libro y por tu análisis riguroso y entusiasta del texto original; a Mar Hernández, emprendedora ejemplar, porque algunas de las ideas del libro surgieron charlando contigo; a Tino López, taoista militante, por tu ayuda con las citas y con las referencias orientales; a Laura Toronjo, por estar siempre al otro lado del teléfono y porque tus respuestas, análisis y comentarios han enriquecido este libro y todo lo que hago.

Y, por supuesto, a Juan Carlos Cubeiro, Lotfi EL- Ghandouri, Pilar Jericó, Pep Torres y Fernando Trías de Bes, por creer que este proyecto merecía la pena y por vuestra ayuda para su difusión.

También al personal de Madrid Emprende y del Gabinete de Iniciativa Joven de Extremadura por su colaboración para que este proyecto salga adelante.

Gracias a María Raquel y a María, de El blog para aprender español, por su ayuda con la corrección de Vivir sin jefe.

Otras muchas personas también han puesto su granito de arena para que este libro vea la luz, y aunque es muy posible que me deje alguna, doy las gracias por echar una mano a Ángel Alcázar, Oli Benito, Nuria Bravo, Esther Camuñas, Kailin Chang, Laura Colomé, Agustín Ferrer, Santiago García Gago, Sergio García Rozalén, Biba Osrecak, Elena Polaina, Vicent Roque, Enrique Sesmero, Juan Toronjo, Jaume Valls…

Recursos para seguir creciendo

Libros

Los libros son como las ideas o las personas: un libro que llega en el momento adecuado puede cambiar tu vida para siempre. Rodearse de buenos libros es un arte, como lo es rodearse de buenas personas o de buenas ideas.

Estos son algunos de los libros que han cambiado mi vida últimamente:

Anderson, C. (2006): *La economía Long Tail.* **Empresa Activa, Barcelona**
Su subtítulo dice «De los mercados de masas al triunfo de lo minoritario». Imprescindible para comprender cómo Internet está cambiando el concepto de tienda y de venta. Necesario para comprender una tendencia que no ha hecho más que empezar.

Arntz, W., Chasse, B. y Vicente, M. (2006): *¿Y tú qué sabes?*
Cada cierto tiempo me encuentro con un libro que cambia mi marco de referencia para moverme por el mundo.

Este lo hizo en el 2007. Un libro clave en mi formación como persona.

Bethencourt, P. (2008): *El éxito en seis cafés.* **Gestión 2000, Barcelona**
Un libro sobre *networking* adaptado al lenguaje e idiosincrasia europeos. Reflexiona sobre cómo gestionar nuestros contactos o encontrar otros nuevos. Aporta ideas valiosas sobre la manera en la que podemos crear y mantener una red de contactos propia y valiosa.

Bulat, S. (2008): *El arte de inventarse profesiones.* **Empresa Activa, Barcelona**
Este libro nos recuerda que no tenemos por qué vivir de algo que ya está inventado sino que se puede crear una nueva profesión que no exista. Dos ideas interesantes de este libro. La primera es que hay que hacer lo imposible por ser el número uno en algo. La otra es que la hibridación es la clave para crear nuevas profesiones.

Byrne, R. (2007): *El secreto.* **Urano, Barcelona**
El libro está estructurado a partir de una sencilla idea que repite constantemente: aquello que piensa es aquello que posteriormente tiene lugar en la realidad y lo demuestra a través de multitud de experiencias de personas que han conseguido logros asombrosos. Versión actualizada del proverbio chino que afirma que hay que tener cuidado con lo que deseas porque puedes conseguirlo.

Covey, S. (1997): *Los siete hábitos de la gente altamente efectiva.* **Paidós, Barcelona**
Uno de mis libros de referencia aunque su título no me guste especialmente. Inteligente y estimulante recopilación de hábitos que invitan a aproximarse a lo mejor que cada uno lleva dentro de sí mismo. No deja indiferente.

—. (2005): *El 8º hábito. De la efectividad a la grandeza.* **Paidós, Barcelona**
Me encanta cuando su autor dice que el octavo hábito «consiste en encontrar su voz e inspirar a los demás para que encuentren la suya». Otro libro destinado a convertirse en clásico y que probablemente dé alguna pista a quienes se estén preguntando qué hacer en y con su vida.

Cubeiro, J. C. (2008): *Clase creativa.* **Planeta Empresa, Barcelona**
Excelente aproximación al concepto de talento y los nuevos aires que empiezan a correr en el mundo empresarial: el talento es un bien escaso y hay que cuidarlo. Y los emprendedores sabemos de esto. Habla de conceptos tan interesantes como el emprendizaje crónico, las comunidades de talento, los jefes tóxicos o el efecto eureka.

Fernández, S. (2007): *Cómo gestionar la comunicación en organizaciones públicas y no lucrativas*
El libro, escrito para no expertos en comunicación, tiene por una parte la intención de sensibilizar sobre la impor-

tancia de gestionar la comunicación. Por otra, explica los conceptos básicos de comunicación así como las herramientas necesarias para poder gestionar la comunicación de una organización.

Giono, J. (2004): *EL hombre que plantaba árboles.* **José de Olañeta editor, Palma de Mallorca**
La historia de un hombre que cada día durante muchos años plantó semillas. Su acción logró cambiar el aspecto e incluso el clima de una región de Francia. Un libro que transmite ilusión y bondad.

EL-Ghandouri, L. (2007). *El despido interior.* **Alienta, Barcelona**
Reflexión acerca del despido interior, una actitud que se extiende como la pólvora, y que hace que las personas que la experimentan no estén presentes en su trabajo aunque estén físicamente.

Font A. (2008): *Negociar con arte.* **Alienta, Barcelona**
Interesante porque en último término todo emprendedor tiene que negociar con cierta frecuencia. Resulta útil conocer los conceptos básicos de la negociación tales como la autorización, la anticipación, la auto-restricción, el anclaje o el reconocimiento de los trucos sucios que puede emplear nuestro interlocutor.

Ferrazi, K. (2005): *Nunca coma solo.* **Amat editorial, Barcelona.**
Obligado repaso a los conceptos básicos del *networking*. El libro insiste en la necesidad de generar nuevos contactos pero también en ser capaces de mantenerlos. Inspirador y vibrante.

Ferris, T. (2008): *La semana laboral de cuatro horas.* **RBA, Barcelona**
Atrevido y descarado, propone elevar a categoría de universal una fórmula que al autor le ha funcionado. En cualquier caso este texto fresco y rápido obligará al lector a revisar algunos de los planteamientos que seguramente tenía por inamovibles. Y eso me gusta mucho.

Frankl, V. (2004): *El hombre en busca de sentido.* **Herder, Barcelona**
Todo un clásico acerca, principalmente, de la vida en un campo de concentración que obligará al lector a replantearse el sentido de su vida. El autor, creador de la logoterapia, o terapia del sentido, trabajaba con sus pacientes para encontrar el sentido de la vida de estos, convencido, como Nietzche, de que el que tiene un porqué para vivir, puede soportar casi cualquier cómo.

Godin, S. (2009): *Tribus.* **Gestión 2000, Barcelona**
Internet facilita la creación de pequeños grupos de intereses afines o «tribus». Godin reflexiona en este brillante

libro sobre cómo formar una tribu, cómo liderarla o las claves para crear un micromovimiento. Es el fin de la época de la cultura de masas y el principio de la cultura de los nichos y las microtribus, y *Tribus* ayuda a comprenderlo.

Honoré, C. (2005): *Elogio de la lentitud.* RBA, Barcelona
Un texto que ha conseguido cuestionar a nivel mundial el culto a la rapidez y es promotor junto con el movimiento *slow* de un tipo de vida basado en unos valores diferentes a los predominantes.

Jericó, P. (2006): *No miedo.* Alienta, Barcelona
Disección sobre lo que supone tener miedo, las diferentes tipologías de miedo, el precio que pagamos por ello y una interesante propuesta para acercarnos a la vida desde el talento, el cambio y la innovación, que son los enemigos íntimos del miedo.

Jodorowsky, A (2006): *Cabaret místico.* Siruela, Madrid
Me costaría elegir un libro de Jodorowsky pero creo que *La danza de la realidad*, *Cabaret místico*, *Psicomagia* y *El maestro y las magas* son los mejores. Me gusta *Cabaret místico* porque reflexiona sobre la vida y porque está construido con multitud de anécdotas, chistes, cuentos y citas que lo hacen un gran sitio al que volver en busca de un poco de inspiración espiritual.

Kiyosaki,R. T. (2003): *Padre rico, padre pobre.* **Time and Money network editions, Buenos Aires**
Su subtítulo augura su temática: ¿Qué les enseñan los ricos a sus hijos acerca del dinero que las clases media y pobre no? Su lectura aporta claridad sobre cómo funciona el dinero así como a los conceptos básicos en torno a la economía familiar y empresarial. Si desea saber qué es un activo, un pasivo, por qué su casa no es una inversión y cómo aplicar esto para que su economía mejore, este libro le interesará. Y prepárese porque tiene segunda e incluso tercera parte igual de interesantes.

Kleim, N. (2001): *No Logo.* **Paidós, Barcelona**
Un texto de referencia para comprender la época que estamos viviendo. También para entender cómo y por qué la publicidad está colonizando las diferentes esferas sociales, cómo esto afecta al mundo en el que vivimos y cómo la creación de marcas prima en este momento sobre la producción de lo que se vende detrás de estas.

Lakoff, G. (2007): *No pienses en un elefante.* **Editorial Complutense, Madrid**
El libro expresa la misma idea de una y mil maneras: el que impone el marco o la idea general sobre la que debate, gana la conversación [y las elecciones]. Idea inestimable para los emprendedores, que pasarán gran parte de su tiempo convenciendo a otras personas. Es decir, que se lleva el gato al agua el que plantea la conversación en el marco adecuado.

Levine, R., Locke, C., Searls, D. y Weinberger, D. (2000): *El manifiesto Cluetrain.* **Deusto, Barcelona**
El subtítulo del libro ya augura su temática: El ocaso de la empresa convencional. Aunque en el año de su publicación cambió mi paradigma de cómo funcionan las cosas, una reciente relectura me ha recordado que sigue igual de vigente. Imprescindible, diría yo.

Miedaner, T. (2002): *Coaching para el éxito.* **Urano, Barcelona**
101 brillantes recomendaciones o ejercicios para alcanzar el éxito en los diferentes órdenes de la vida desde lo más básico. Imprescindible si no sabe por dónde empezar a mejorar algunas partes de su vida.

Mohammed, R. (2006): *El Arte del precio.* **Urano, Barcelona**
Interesantes reflexiones sobre la fijación de precios, sobre los beneficios ocultos de lo que vendemos, sobre el valor percibido y el valor real así como sobre diferentes estrategias de fijación de precios que permitirán obtener mayor beneficio sin introducir grandes cambios.

Nordström, K. A. y Ridderstrale (2008): *Funky Business Forever.* **Pearson Educación, Madrid**
Excepcional análisis de lo que está sucediendo en el mundo en el orden social, económico y laboral. Imprescindible para comprender por dónde van las tendencias. Sin duda, uno de mis libros clave del 2008.

Owen, N. (2003): *La magia de la metáfora.* **Desclee de Brouwer, Bilbao**
Meticulosa recopilación de relatos de diferentes orígenes y tradiciones agrupados por temáticas.

Peters, T. (2005): *50 claves para hacer de usted una marca.* **Deusto Editorial, Barcelona**
Fresco y lleno de pensamientos, metáforas y propuestas originales y sensatas.

Ries, A. y L. (2004): *El origen de las marcas.* **Empresa Activa, Barcelona**
Si está en el proceso de crear una marca, entonces encontrará unas cuantas ideas útiles para seguir avanzando.

Ries, A. y L. (1999): *Las 22 leyes inmutables del marketing.* **McGraw-Hill, Madrid**
Un buen puñado de ideas sobre cómo se construyen las marcas. Seguro que encuentra alguna idea reveladora para aplicar a su caso concreto.

Robbins, A. (2005): *Poder sin límites.* **Debolsillo, Barcelona**
Completo libro que hace un repaso sobre diferentes técnicas de programación neuro-lingüística destinadas a ayudar al lector a alcanzar sus objetivos y la excelencia.

Rovira, A. (2003): *La brújula interior.* Empresa Activa, Barcelona.
Acertado y cuidado recordatorio de todas esas cosas que una persona necesita para poder vivir feliz. Disfruté de las frases, citas, autores y referencias que inspiran sus páginas.

Ruperto, V. y Corbeto, S. (2008): *Let's play.* Plataforma Editorial, Barcelona
Aproximación a lo que supone el mundo de la empresa para personas que carezcan de experiencia. Me quedo con una de las ideas transversales del libro: hoy en día hay que ser emprendedor tanto si se trabaja por cuenta propia como si se trabaja por cuenta ajena.

Trías de Bes, F. (2007): *El libro negro del emprendedor.* Urano, Barcelona
Ingenioso libro sobre los factores clave del fracaso de los emprendedores. Repasa las posibles causas de fracaso de las aventuras emprendedoras que no acaban bien. Algunas ideas de este libro me han guiado por el buen camino. Muy recomendable.

Tzu, S. (2004): *El arte de la guerra.* José de Olañeta Editor, Palma de Mallorca
Sus enseñanzas sobre el mundo bélico pueden ser aplicadas por igual hoy en día en la planificación de estrategias empresariales.

Watzlawitz, P. (1997): *Teoría de la comunicación humana.* **Herder, Barcelona**
Introducción a algunos de los conceptos básicos de la Escuela de Palo Alto. Le interesará si quiere realmente aprender sobre teoría de la comunicación.

Recursos web

www.blogdelfreelance.com
Ideas frescas para mirar la realidad con otro punto de vista.

https://www.camaras.org/publicado/
Sitio Web de las Cámaras de Comercio, Industria y Navegación de España.

http://www.caracteremprendedor.com/
Sitio Web de la revista del mismo nombre.

http://www.ceaje.com/
Confederación de jóvenes empresarios.

http://www.continental.com.ar/programa.aspx?id=742901
Sitio Web de La Voz de la noche, programa de crecimiento personal.

http://www.emprendedores.es/
Sitio Web de la revista del mismo nombre.

http://www.emprendedorestv.com/
Entrevistas a emprendedores de formato corto, didáctico y ameno. Un buen sitio al que acudir para tomar un poco de aliento.

www.entrepreneur.com
Un sitio interesante para encontrar algunas buenas ideas.

www.felizentutrabajo.com
Sitio Web donde se puede leer gratis este libro.

http://www.firsttuesday.es/
Encuentros entre emprendedores e inversores.

www.getfuturethink.com
Inspirador sitio Web sobre innovación.

www.infonomia.com
Uno de los referentes en España en lo que a innovación se refiere desde hace muchos años. De visita obligada.

www.iniciador.com
Una de las citas recomendadas para emprendedores.

www.live365.com
¿Por qué no escuchar un poco de música mientras trabajas?

**http://www.newmedia.ufm.edu/gsm/index.php?title=
Vida%2C_libertad_y_conciencia**
Conferencia de Fredy Kofman citada en el capítulo 50.

http://www.networkingactivo.com/
Entre otras cosas, podrás bajarte su revista en PDF.

www.profesionalesliberales.com
Sitio Web de la revista del mismo nombre.

www.pensamientopositivo.org
Ideas inspiradoras para personas y organizaciones.

www.smallbiztrends.com
Ideas para la pequeña organización.

www.ted.com
Uno de los sitios a los que suelo acudir en busca de un
poco de inspiración.

www.thecoffebreak.biz
Sitio Web de este congreso anual de formato innovador
y sin ponencias que promueve el contacto informal entre
personas provenientes de campos dispares.

www.thursday.es
Interesante sobre todo para los emprendedores tecnológicos.

www.youtube.com/pensamientopositivo1
Audios y vídeos del espacio de desarrollo personal Pensamiento Positivo.

www.youtube.com/watch?v=uXOtmhA6Nvw
La entrevista que en 1971 Bruce Lee concedió al periodista Pierre Berton y que después BMW popularizó con su «*be water my friend*». Citada en el capítulo 50.

www.youtube.com/watch?v=ykUyVFkizfQ
Discurso de Steve Jobs citado en el capítulo 1, con subtítulos en español.

http://www.youtube.com/watch?v=qYnk0i8OGOM
El trabajo en equipo analizado desde la perspectiva de una bandada de pájaros. Para ampliar el capítulo 26.

Películas citadas

American Beauty. **Sam Menders. 1999**
Interesante aproximación a un fenómeno al que cada vez más personas se apuntan: *downshifting* u olvidarse de seguir ascendiendo laboralmente en una carrera profesional que ni satisface ni apasiona y dar un giro y recuperar el sentido de su vida.

American Gangster. **Ridley Scout. 2007**
La vida de uno de los más grandes narcotraficantes como

mandan los cánones del género: desde su niñez hasta su arresto.

Atrápame si puedes. **Steven Spielberg. 2002**
Entretenida película sobre la vida de un impostor que se hace pasar por las personas más dispares y disparatadas.

Cadena de favores. **Mimi Leder. 2000**
Aproximación a la hipótesis de que sucedería si cada uno de nosotros hiciera un favor a otras tres personas.

Casino. **Martin Scorsesse. 1995**
Con un ritmo, una dirección y unas interpretaciones de libro, me parece la mejor película de Scorsese, y ya resulta difícil decidir. Encuentro muy instructor comprobar cómo un gran negocio puede desaparecer por una gestión basada en los principios inadecuados.

El padrino. **Francis Ford Coppola. 1972**
Soy consciente de que suena cliché decir que se puede aprender a hacer negocios viendo películas de mafiosos pero a mí me parece que sí que es posible. Y *El padrino* es una excelente manera de comenzar.

La última cruzada. **Steven Spielberg. 1989**
Película de aventuras en la que Indiana Jones busca no solo a su padre sino al Santo Grial. Todo un clásico.

Entre copas. Alexander Payne. 2004
Dos amigos se marchan de turismo enológico poco antes de que uno de ellos se case. Divertida y recomendable.

Forrest Gump. Robert Zemeckis. 1994
Admiro la capacidad de ver cualquier situación con otros ojos y esta película lo hace continuamente.

Kárate Kid. John G. Avildsen. 1984
Estereotipada aproximación a la filosofía oriental y de las artes marciales que cuando era pequeño me gustó pero que no ha soportado un segundo visionado.

La cortina de humo. Barry Levinson. 1997
Reveladora película sobre el funcionamiento de los medios de comunicación del mismo director de *El hombre del año*. Genial.

Una verdad incómoda. Al Gore. 2006
Jamás pensé que ritmo vertiginoso y presentación de Power Point fueran compatibles. Al Gore lo hace posible. Documentada llamada de atención para que tomemos cartas en el asunto del cambio climático.

Comentarios de los lectores

La verdad es que por el momento no queremos crear un negocio, pero a mí me vino bien para ver la vida con otra perspectiva.

AINHOA GRANERO

Todo fue energía positiva y buen rollo, desde la primera palabra hasta la última, todo lo que decías encajaba perfectamente con mi manera de ver las cosas, es más, me di cuenta de que muchos de tus consejos nosotros ya los habíamos puesto en marcha en nuestro negocio, pero lo más importante para mí fue darme cuenta de que todo lo que decías se podía tomar como filosofía de vida. Sé que es de esos libros que se leen una y otra vez, porque, como me pasó con tu entrevista, todo lo que transmite es positivo. También he entrado en tu blog y es brutal la cantidad de pensamientos positivos, que se adaptan como un guante a lo que yo ahora mismo necesito escuchar. [...] Eso sí, te reitero de nuevo mi enhorabuena por el libro, gracias de verdad por escribirlo y por ayudarme a reafirmarme en muchas de mis convicciones en cuanto a filosofía de trabajo y de vida.

YOLANDA

Es increíblemente práctico y positivo, sobre todo, para nosotros los «españoles», que últimamente estamos demasiados sometidos a los jefes.

MARIANO ARAGÓN

He leído *Vivir sin jefe* y [...] quiero darte las gracias por tus consejos, pero, sobre todo, por la energía sana de entusiasmo, optimismo y vitalidad que recibía mientras te leía, además de las risas por el chiste del farmacéutico, las citas y tu sinceridad.

MERCÈ MILAN

Un poderoso complejo vitamínico para el desarrollo personal y profesional, una fuente inagotable de energía positiva, una inspiración para los creadores de sueños...

JOSÉ ENRIQUE LEÓN

Como mucha gente no estoy pasando por un buen momento debido a la crisis económica y estoy valorando la posibilidad de vivir sin jefe. [...] «Es como si te hablara tu mejor amigo».

GIOVANNI GIACOMINI

El libro me parece rompedor, ya que da consejos sinceros y prácticos sobre cómo sobrevivir siendo autónoma, desde entonces sigo su blog y además de todo lo que he aprendido con su libro, casi diariamente, leo, comparto y aprendo con todas sus vivencias personales, tan cercanas y tan positivas.

SOL PAÑOS MADRONA

Su opinión es importante.
En futuras ediciones, estaremos encantados
de recoger sus comentarios sobre este libro.

Por favor, háganoslos llegar a través de nuestra web:

www.plataformaeditorial.com

Plataforma Editorial planta un árbol
por cada título publicado.